家族と国家は共謀する

サバイバルからレジスタンスへ

信田さよ子

角川新書

まえがき――母の増殖が止まらない

取りこぼされる死

まず、虐待の問題から始めたい。

世の中にまったく知らない世界があることは当たり前だが、もっとも身近なはずの家族の内部で「それ」が起きていることは、あまり知られてはいない。しかし外からは見えないが、ワンダーランドならぬディストピア的異世界がそこで繰り広げられているのだ。

残酷な児童虐待のニュースが流れると、「信じられない」と思いながらも、いつのまにかニュースの洪水に慣れてしまっている人が多いことだろう。実際には、虐待の実数は多いが、子どもが親によって殺されてしまうような虐待は、おそらく全体の一%にも満たないだろう。たまたま子どもの頭の打ちどころが悪かった、両親の経済状態が悪化していて父親がイラついて夜中に子どもに八つ当たりした、といった些細な偶然が重なって虐待死は起きる。

ところが、そこから漏れる「死」がある。たとえば、戸籍上いないことになっている子どもが親によって殺された場合、その死は存在しないことになる。生活保護を受けている女性のアパートの押し入れから白骨化した嬰児の遺体が数体発見された事件が起きた。だが、その親にもし経済力があれば、福祉事務所のような外部からの介入は期待できない。日本にはこのように、死亡すら認知されずにこの世から消えていく多くの子どもたちが存在するのだ。

もっと恐ろしいことは、そのような家族に生まれた子どもたちにとっての家族観だ。世界の起点である家族とその日常のすべては、毎日のように父から小突かれること、それを避けるために様々な工夫をすること、ぼんやりと自分の存在を消したいという感覚に浸っていることであり、家族とはそれ以外の可能性を持たない。世界の起点、この世に誕生したデフォルトが、こうして形成されてしまうのである。

隠蔽され、忘却される虐待

たまたま偶然が重なり、殺されることを免れ、経済的貧困により餓死することもなく成長する子どもたちのほうが多いことは事実だ。

カウンセリングでお会いする多くの女性（男性）たちは、このようなプロセスをたどって生きてきた人が少なくない。ご存じのとおり、精神科医療は保険診療という制度によってほとんどの病院は一〇〇〇円台で受診できるが、カウンセリングはそうはいかない。ほぼ一〇倍の一万円台の支出を覚悟しなければならない。必然的に、来談する人たちはそれなりの経済力をもっていたり、親から援助が得られたりする人に限られることになる。

多くの虐待が貧困家庭において起きることは事実だが、カウンセリングでお会いする人たちの家族でも虐待は起きている。皮肉にも、その経済力と社会的地位ゆえに多くの場合は隠蔽（いんぺい）され、忘却され、なかったことにされてしまうのも通例である。

高級官僚だった父からの激しい虐待で、何度も外科医を受診した二〇代の女性。兄からの性虐待が何年も続いているのに、両親はみてみぬふりをしていたという四〇代の女性。酒を飲むと必ず包丁を持ち出す父親を監視するために、居間の隣で受験勉強をしながら、いざとなったら飛び出していくために脅しの道具として金属バットを常備していたという三〇代の男性。

大人になって原家族からなんとか離れてから、様々な不調や自殺念慮が表れる。最初はその理由もわからないままに、「援助を求めて」カウンセリングに訪れることで、初めて語られた記憶なのである。

「子どもの誕生」は、「虐待」の誕生によってもたらされた

それは今に始まったことではない。

私のカウンセラー歴はもう四〇年以上になるが、二〇～三〇年前にお会いした方は、親が戦争体験を引きずっていたり、戦後の混乱期を潜り抜けたりした経験をもつ世代である。その人たちの虐待経験も凄まじいものがあったが、近年のものとの違いは、外部からの閉鎖性がそれほど強くなかったことだ。藪から切り取った青竹で背中を何度も叩かれる、柿の木に縛って吊り下げられる、タバコの火を押し付けられるといった虐待は、折檻という言葉によって正当化されていた。たとえ多くの人たちの面前で行われたとしても、それほど気にも留められなかったのだ。

そして何より大きいのは、当時は「子どもの虐待」という言葉がなかったことだ。言葉が存在しないということは、親の行為はすべて肯定されることを意味し、亡くなった子どもは寿命が短く、生命力に乏しいと片づけられるしかなかった。また、親にとって愛玩対

象の子ども、資産としての子どもは存在したが、親の行為に異議申し立てをするような子どもは存在してはならなかったことを表している。

歴史学者フィリップ・アリエスの『〈子供〉の誕生』（みすず書房、一九八〇年）は、一八世紀までのヨーロッパには子どもという概念が存在しなかったこと、つまり、小さく不完全な人間でしかなかったことが述べられている。

日本ではもともと子どもを慈しむ習慣はあったが、明治以降の家父長制の浸透により、親孝行を中心とする親子観が支配的となる。そのことが今に至る親子愛の美化につながっているのではないか。親は子どもを愛するものだ、子どもたちは親の愛に応えて生きるのだ、という無謬（むびゅう）の原則＝イデオロギーによって、親の虐待は存在しないことにされてきたのである。

ポストフォーディズムは母親の支配を明確に表している

では、明らかな虐待だけが子どもをむしばむのだろうか。

これまで筆者は『愛情という名の支配』『共依存』といったタイトルの著書によって、家族における、中でも母親による巧妙な支配がどれほど子どもたちを縛り、深い葛藤（かっとう）をもたらし、自分と母との人生を分離できない事態をもたらすかを描いてきた。中でも『母が重くてたまらない　墓守娘の嘆き』（春秋社）は、多くの女性たちからの共感を呼び、母娘問題に先鞭をつける役割を果たすことができた。

母親の支配は、虐待という言葉で想像されるような、行為の客観性（殴る・蹴る・首を絞める……）に乏しく、傷痕や火傷の痕も残らず、その被害も実証できない。何よりも、母親たちの一つ一つの行為を取り上げれば、子どものために一生懸命な、よき母親以外の何者でもないと判断されるのだ。

いったい何が自分を苦しめているのか？　母親のことを責める自分のほうがヘンじゃないのか？　母の愛情を信じられない自分のほうが歪んでいるのではないか？　こう考えることでさらに苦しくなり、思考の悪循環が作動を始める。無間地獄のような母との関係に苦しんでいる女性たちが、いったいどれほどいることか。二〇〇八年に先述の拙著『母が重くてたまらない』が出版されるまでは、あまり注目されてこなかったように思う。

本書では、母の支配についても述べたいと思っている。実は、そのような母親の行為をもっともよく理解できるのがポストフォーディズムという視点なのである。

カウンセラーである私がそのような言葉を用いることに、意外感を抱かれるかもしれない。しかし、家族ほど力関係が渦巻き、支配をめぐる暗闘が繰り広げられる世界はないのだ。それを、家族をどのように壊さずに解決するか、事件化を防ぎ、自殺者を出さないようにするかがカウンセラーの役割だと言っても過言ではない。

そこには外界から相対的に独立した「こころ」の問題などない、と思っている。臨床心理学関連で参考になる本は少なく、もっともわかりやすいのは国際政治に模すことだった。そして、労務管理の方法論を学ぶことで、ポストフォーディズムほど母親の支配を明確に表しているものはない、と思うに至った。これは、小児科医の熊谷晋一郎さんと哲学者の國分功一郎さんとの対談に大きな示唆を得ている（『〈責任〉の生成』新曜社、二〇二〇年）。

フォーディズムとは、自動車会社フォード社に代表される、ベルトコンベヤー式の生産様式を支える労務管理の方法論だ。無駄を排して徹底的なコスト削減を行い、低価格で品質保証のされた自動車を生産することが、資本主義社会の競争を勝ち抜く根本的な要因とされた。

しかし、安価な車を作り続けることでは競争を勝ち抜けなくなったのが二〇世紀後半だった。消費者はたえざるモデルチェンジを求め、新しい物に惹かれる。不安定で先の読めない時代に入ったのだ。そうなると、生産体制も不安定要因を抱えるようになり、いわゆる長期的安定を見通した労働環境は崩れることになる。日本でも非正規雇用の増大を生み、液状化する社会への適応が求められるようになった。

「堅くて変化に乏しい」から「めまぐるしく配置や距離を変える」関係性が主流となったのである。そこで求められる労働者は、適応できる即応性と柔軟性を備えていなければならない。資本主義社会の多くの場で、このように期待される人間像が大きく転換したことを、ポストフォーディズムという。

昭和の男らしさは発達障害の特徴?

もう一つのポイントは、即応性と柔軟性が自由を生み出すとされることだ。長期的展望や堅い規律から解放された自由という肯定的価値とともに、ポストフォーディズムは広がった。自由には必ず裏側に責任がついてまわることは言うまでもない。つまり、それまでは会社の管理責任だったものが、個々人の自由による自己責任へと転嫁されることになったのである。

注意深く見ると、これが日本で主流だった「男らしさ」の価値を下げたことがわかる。男は黙って、自分の信念を曲げずに、頑固なまでに固執する、といった態度がプラスの価値を持っていたのだが、それらは現在では「発達障害的」だとされる。綾屋紗月は発達障害の臨床像とジェンダーの問題を関連させているが、まさに昭和の男らしさは、そのまま発達障害の特徴と重なっている。

相手の気持ちが汲めず、状況が読めず、自分の世界に閉じこもっている……というのは、家族における父親の姿そのものではないだろうか。

原宿カウンセリングセンターでは父親のグループカウンセリングを長年実施しているが、そこに参加する男性のほとんどが、五〇～六〇代で定年間際もしくは定年後の年齢である。多くは息子や娘の引きこもりの問題で来談しているのだが、驚くことにグループにおいて自分の感情をほとんど述べることができない。まるで歌を忘れたカナリアのようだ、と思ったことがある。ひたすら業務報告のように、一ヶ月間に起きた息子（娘）の状態を、昆虫の観察日記のように発表するのである。そこだけを横断的に切り取れば、まさに発達障害的だと評価されても仕方がないだろう。

発達障害の夫との関係に苦しむ妻たちの自助グループも誕生したが、彼女たちが苦しんでいるのは、感情をそのようにどこかへ忘れてきてしまったような夫の言動である。

グループに参加する彼らは、バブル崩壊以前の七〇年代から八〇年代に企業で活躍した世代である。まさに、フォーディズム最後の時代を生きてきた。そう考えると、彼らの企業社会への適応が、二一世紀の現在は発達障害と評されるようになったといえるだろう。

ソフトな自己責任追及にまみれた社会

ポストフォーディズムでは、即応性が高く、即興的判断ができ、状況や空気を読んで距離を自在につくることが求められる。これは、家族において長年母親が遂行してきた役割・態度そのものではないだろうか。家族関係をつなぎ留め、子どもの成長や教育の責任を一手に引き受け、近所の人間関係や学校の保護者会でも適応を図る。これらが図らずも彼女たちの人間関係のスキルを磨いた。

長年にわたって母との関係で苦しんできた娘・息子たちの話を聞いていると、母の支配はまさにポストフォーディズムの手本のようだ。

「いい？　ママはね、あなたのためにやっているのよ。あなたの未来は無限なんだから、その能力を伸ばすために一生懸命協力しているの」

「今頃になってそんなことを言ったって、自分で選んだんじゃないの？　あの塾がいいって言ったのは自分じゃないの？」

こんな言葉とともに、選択と自己責任というタームに帰着される出来事が、日々愛情という言葉にくるまれ、「あなたのために」と拘束を強める。まるで暖かい真綿で首を絞められるような、わけのわからない息苦しさは、「母が重い」という言葉でしか表現できない。

多くの企業や地方自治体の窓口対応は、ソフトな語り口によって選択可能性を提示し、それを選んだのはあなたであり責任はあなたにあります、という論理に貫かれている。家族における母親の支配・管理と、社会全体に瀰漫（びまん）するソフトな自己責任追及の空気は似ていないだろうか。

母と娘の問題は、家族における女性だけに限定されるべきではない。むしろ、二〇世紀末から資本主義社会の多くが直面している社会の液状化とポストフォーディズムの問題が、母の支配に象徴されることで、女性というジェンダーの装いとともに表面化しつつあるということだろう。

目次

第二部　家族のレジスタンス

第一部　家族という政治

第一章　母と息子とナショナリズム

「息子にとっての母はあんなもんじゃないですよ」

母と娘というテーマについて、男性はどうとらえるのだろう。

一番よくみられるのが、女性のことはわからない、自分たちは関係ないとする態度である。もしくは、女子供の問題としてひとくくりにして矮小化し、まじめに取り合う必要などないという態度だ。

拙著『母が重くてたまらない』（春秋社）が刊行された二〇〇八年以降、このテーマをメディアで積極的に取り上げてきたのは女性たちだった。そこに、自分の問題であるという当事者意識が働いていたことは、数多くの取材を受けてきた経験からよくわかる。多くの取材者たちが、それとなく、時にははっきりと、自分と母との関係について語った。

彼女たちの熱気とは対照的に、同世代や上司である男性たちが距離を保ち、冷めた対応を示したことが、皮肉にも女性特有の問題であるかのように、このテーマが広がる後押しとなったのである。ジェンダー間の温度差は、一種の壁となって今では固定してしまったかのように思える。

一方、カウンセリングで「息子にとっての母はあんなもんじゃないですよ」と語る男性は多く、一九九六年のＡＣブーム以来、数えきれない男性たちの母との悪戦苦闘の物語を聞いてきたことも事実だ。いつのまにか暗黙の了解となってしまったジェンダーの壁を今一度崩すためにも、母と息子の関係について、映画というフィルターをとおして改めて考えてみたい。

エディプスコンプレックス

これまで、子どもの発達・成長は息子を基準に理論形成されてきた。娘に比べると、息子についてはあまりに多くのことが語られてきたのであり、母娘というテーマがクローズアップされる意味はそこにあることを再確認しておきたい。

父息子関係で代表的なものは、フロイトによるエディプスコンプレックス説だろう。精神分析的理論を学ぶ際に必ず出会うこの概念は、ジグムント・フロイト（一八五六‐一九三九）によって提示された。

ギリシャ悲劇の『オイディプス王』は、古代ギリシャ三大悲劇詩人の一人であるソポクレスが紀元前四三〇～四二五年ごろに書いた戯曲である。フロイトはこれにヒントを得て、男児は最初の異性である母親を欲望し、それが母の夫＝父によって禁止されることで、母と切断されると考えた。息子は父のように強くなりたいと望みながら（同一視）、父は母への近親姦（かん）的欲望を禁止する憎しみの対象ともなる。また、そのような欲望を抱く息子にとって、父は自分の男性器（ペニス）を切り取るかもしれないという恐怖の対象となる。これは精神分析では去勢恐怖と呼ばれる。

父に対する葛藤（かっとう）を、父を殺害することなく乗り越えること。そして、母への欲望を断念することが「自我」形成のプロセスに不可欠であり、これらはすべて現実ではなく無意識の世界で行われるとした。キリスト教的父性原理にも通じるこの概念がフロイトの精神分析理論の中心であり、心的発達理論の根幹をなしている。そこにおいて、女性は息子の女の親であり、しかも母は父という存在の陰画として機能するしかない。娘はいずれ、男の子の親になる存在でしかなかったのである。

阿闍世コンプレックスの特異性

西欧の近代的自我や人格を前提としたこの理論に対して、日本独自の概念として注目すべきは、息子と母との関係をベースにした「阿闍世（あじゃせ）コンプレックス」である。これは、精神科医古澤平作（こざわへいさく）（一八九七－一九六八）が創唱し、精神科医小此木啓吾（おこのぎけいご）（一九三〇－二〇〇三）が広めた概念である。

阿闍世コンプレックスは仏教経典に題材をとりながら、母性原理に基づいた感情的葛藤である甘えや、依存を許しあう二者関係を扱っている。エディプスコンプレックスの体験の克服によって獲得される超自我（理想・良心・倫理観）は、父親から懲罰されるという去勢不安から生まれる罪悪感を根底に持っているが、阿闍世コンプレックスの体験には、エディプスコンプレックスのような罰や恐怖による罪悪感は存在しない。

阿闍世コンプレックスで見られる罪悪感は、「自分が悪い事をした（母親を恨み殺そうとした）のに、相手から許されてしまった事による申し訳のなさや後悔・謝罪としての罪悪感」であり、その世界は、「悪い行為をした加害者（子ども）を〝罰する〟のではなく、〝許す事〟によって子どもに自己懲罰的な罪悪感を自発的に抱かせようとする世界」なのである。

何より、阿闍世コンプレックスは、母親と子どもの二者関係における「甘え・憎悪・許し・謝罪の複合感情」であり、最初から父親のような社会的存在としての他者は存在していない。同じ罪悪感であっても、父という超自我ゆえの内面化された規範による罪悪感と、許されてしまうことで生じる「申し訳なさ」のそれとが大きく異なるのは言うまでもない。父ではなく、母と息子の関係を中心にもってきたのである。西見奈子（にしみなこ）によれば、この概念は古澤から小此木へと七〇年近くかけて変容してきたが、それ自体が日本における女性論や母性観の変遷を表している（二〇二〇年）とされる。

マザーコンプレックス

母・息子を考える際、もう一つ重要な言葉がある。マザーコンプレックスだ。男性が母との良好な関係を披瀝（ひれき）することは、日本以外ではそれほど否定的にとらえられているわけではない。イタリアでは、むしろ母親思いの表れであり、韓国でも公衆の面前で母親を大切にする姿は賞賛されこそすれ、揶揄されることはない。

ところが、日本では一九九二年のテレビドラマ『ずっとあなたが好きだった』がきっかけとなり、登場人物の名前「冬彦さん」を代名詞にすることでマザーコンプレックスのマイナスイメージが固定した。ドラマには、いつまで経っても子どもの自立を促さない母と、母親への依存によって自立できない息子というわかりやすい組み合わせが登場し、マザコンという略語はダメな男の代名詞として一気に広がった。エディプスコンプレックスのように学問的定説があるわけではないが、日本でも七〇年代初めには用いられていたようだ。

ユング心理学の第一人者である河合隼雄（一九二八－二〇〇七）は、西欧では結婚によって母親とは切断されるが、日本ではその契機を経ることなく結婚に至るので、男性の多くが母親と切れることなく家族を形成していくと述べた。このような、母息子関係をエディプスコンプレックスをもじって批判的に表現した言葉だと考えられる。母親を拒否できない男性に対する女性からの批判と、母親を切断できないふがいなさに対する同性からの批判という、二つの側面がある。

母を描く二人の映画監督

二〇一三年の第六三回ベルリン国際映画祭で金熊賞を獲得したのは、ルーマニア映画『私の、息子』である。監督は当時まだ三〇代のカリン・ペーター・ネッツァーで、日本では二〇一四年に公開された。旧社会主義国特有の賄賂の実態を知ることもできるが、全編にわたり、高学歴無職の三〇代の息子と、その母親との関係が描かれている。

夫を軽蔑している母親は、息子が子連れの年上女性と同棲していることに干渉し続ける。息子はそんな母親に抵抗できず、交通事故を起こすことで不本意ながら母に救われ、いよいよ無力感に包まれていく。時には母から息子への性的関心をにおわすようなシーンもあるが、ドラマチックというよりは日常場面がなめるように描かれる。あまりヒットしなかったが、クライマックスの場面で息子が母親に絞り出すように語る言葉が忘れられない。

「立場を替えよう、僕からそっちに電話する、僕の電話を待っててくれ」

それを聞いた母の目を見張るような表情を大きく映しながら、そのまま画面は暗転する。まるで洗脳されたかのように母への抵抗や反論を封じられてきた息子が、やっとの思いで初めて語る母への主張がこの言葉なのだ。

ルーマニアは東ヨーロッパの中でも家族主義の強い国だと言われるが、前述のシーンを見て日本と同じだと思った。娘ばかりではない、どれだけ多くの息子たちが主人公と同じように母の磁場へからめとられ、ノーと言えずに中途半端なまま生き続けているのだろう。日常性に潜むその悲劇を、あそこまでリアルに描いた映画を他に知らない。同時に、本作へ金熊賞を与えたベルリン映画祭の審査員の慧眼(けいがん)も強調したい。

もう一人は、日本でも多くのファンを魅了し続けているカナダの俊英監督グザビエ・ドランである。彼は二〇代にしてカンヌ映画祭の審査員に選ばれるほど、製作する作品すべてが話題を呼び、各国の映画祭で受賞することで知られている。

一九歳で完成させた監督デビュー作『マイ・マザー』(二〇〇九年)と『Mommy マミー』(二〇一四年)は、タイトルどおり息子と母との濃密な関係を描いている。絶望的なまでに理解しあえない母との関係に苛立(いらだ)ちながら、一方で母への思慕に突き動かされる。そこには父の不在が前提となっており、時にその葛藤が暴力となって表出される。

彼は主演・監督・脚本を兼ねることでも有名で、まるで彼自身の母との関係を、画面をとおして見ているかのような錯覚に襲われる。母との関係を突き詰めずにはいられないという切迫感は、その美しい容姿とあふれんばかりの才能とともに、一種の悲劇性までも感じさせるのだ。

日本は母の対象化が困難だ

母との関係を正面切って描く「母の対象化」による映画が、ルーマニアとカナダの若い監督によって作られたという事実に様々な感慨を抱く。前者は、日本と同じく抑圧的で支配的な母を、後者はどうしようもなくすれ違っていくにもかかわらず、逞しさと強さへの性的関心によって惹かれ続ける母親像を描いている。

共通するのは、父親が不在という点だ。画面にもわずかにしか登場しない父親は、息子にとってはモデルどころか負の表象でしかない。ひたすら母の形成する世界を生きるだけの存在である息子の姿は、スウェーデンの監督イングマール・ベルイマンが、牧師であった父との関係に苦しみ続け、二〇〇三年の『サラバンド』という作品にそれを集約させたのと好対照に思える。

父親不在という言葉は日本では使い古された言葉と化しているが、二人の監督のそれとはどこが違うのだろう。フロイトのエディプスコンプレックスという概念が示しているように、キリスト教を背景とした近代的個人・自我の成立という契機を経ているかどうかが大きな分岐点ではないだろうか。母と自分を切断する父がかつて存在したかどうか。それによって、母親に覆われる息子たちの現在をどうとらえるかが変わってくるように思う。

精神分析的にはエディプスコンプレックスを経なければ成熟はないとされるが、母の対象化は、切断する父がかつて存在したからこそ可能になるのかもしれない。日本においては、これまでそのような父は存在しなかったのであり、だからこそ母の対象化が困難を極めることになる。それを再び映画作品からみてみよう。

日本映画における母

日本映画には、息子の立場から正面切って母親を描いた作品は少ない。もちろん、苦労した母を美化する感動ものは掃いて捨てるほどある。だが、女は娼婦(しょうふ)か聖女の二種類しかいないという、女性観の貧しさが底に流れている気がする。例外は宮崎駿(みやざきはやお)監督のアニメで、頻繁に登場するのが不機嫌な母親だ。『千と千尋(ちひろ)の神隠し』の母親の無感動・不機嫌ぶりはリアルそのものだ。他の男性監督たちが、自身を息子という位置に置き、そこから母を見ることがなぜこれほど困難なのだろう。

成人してから「親のことを悪く言うのは自立していない証拠」という規範が、想像以上に息子たちを縛っているのが一つの理由ではないか。その度合いは、娘よりはるかに強いのかもしれない。娘たちの多くもその規範ゆえに苦しむが、息子たちにはもっと深くそれが植え付けられているはずだ。

もう一つの理由は、異性の親である母、女性である母を、男性である自分が批判し、苦しみを表出することへの抵抗感ではないだろうか。なぜなら、母からの抑圧を感知し、それを苦しいと感じることは、母親への敗北を意味するからだ。被抑圧感とは、抑圧されたという受動性を認めるから生じる。自らが母によって支配され、抑圧されたということは、母の加害性＝自らの被害性を認めることになる。

父に敗北するならまだしも、母に敗北することは、息子たちのジェンダー観を覆すものだろう。男が男に負けるのは屈辱ではない。しかし、女性に負けることは、彼らの根本にある男性優位的価値観に抵触する。

息子たちは、ここまで意識化したうえで母からの抑圧感を否認しているわけではないだろう。おそらく、「自分よりはるかに弱い存在である（べき）母を批判するなんて母親がかわいそう」、「そんなことは卑怯（ひきょう）だ」、という温情主義的正義感がためらわせることになっているのではないか。

安易な赦し、自己陶酔、乗り越えの錯覚がミソジニーを生む

すでにおわかりのように、根深い女性蔑視（差別）と母親批判へのためらいはつながっている。このことが、日本映画に登場する母親像、ひいては女性像の描写の深まりを妨げていると思われる。世界に冠たるロリコン的少女礼賛映画（およびアニメ）の量産は、母になった女性たちの恐ろしさや支配性を正面切って見据えることのできないことと表裏一体だとすれば、母親を批判できないことが日本文化に深い影響を与えているのかもしれない。

実は、『私の、息子』の日本公開にあたり、母が重い息子たちが声を挙げるきっかけにならないかとひそかに期待していた。タブーを外国映画によって破ることができるのではないかと思ったが、息子が母を対象化し、その抑圧性を描くことは、父への対象化よりはるかに困難なのだ。

若い二人の監督があの作品をつくるためには、自らの男性性を問い直し、女性差別が染みついたジェンダー観を乗り越えることが必要だったのだろう。はるかに強靭（きょうじん）な問題意識

と、それを映像化する才能を併せもたなければ、息子が母を批判的に対象化することは不可能なのだ。『私の、息子』の観客のほとんどが中高年の女性で、三〇代以下の男性の姿はほとんど見当たらなかった。それも、今となっては納得がいく。

　しばしば、ヤンキーはコンサバであると言われる。金髪でボンタンを穿いた若い男性の言葉をコンビニで聞いたことがある。「おまえさ、母の日のプレゼントなんにするの？」「俺？　旅行券だよ」「え〜っ、どこどこ」「沖縄、二泊三日のパック」「すっげー、俺なんか今年は金ねーからさ、焼き肉屋」

　少々古い話になるが、一九七二年のあさま山荘事件のエピソードも思い出す。警察側は民間人が射殺されたことから追い詰められ、立て籠もっていると思われた連合赤軍メンバーの親族（坂口弘の母、坂東國男の母、吉野雅邦などの両親）を現場近くに呼び、拡声器を使って数度にわたり説得を行った。親たちは、説得において、事件渦中の二月二一日にアメリカのニクソン大統領が中華人民共和国を訪問していたことを挙げ、国際情勢が変わっていることを訴えた。なお、ニクソン訪中のニュースは、のちに連赤メンバーたちもテレビで見ていたことを語っている。その切々たる説得を聞いていた機動隊員らは涙を流したといわれる。しかし、犯人は警察が親、中でも母親の情を利用したとして逆上し、親が乗っていた警察の装甲車に向けて発砲した。

第二次大戦中の特高たちは、左翼思想の持主を危険な存在として逮捕し、獄中で拷問を加える一方で、泣き落としや情に訴える方法もとった。その際、年老いた母がどう思うかと問い、母を苦しめることになるぞと脅したと言われる。転向文学については多くの著書がある。中でも『マザコン文学論　呪縛としての〈母〉』（山下悦子、新曜社、一九九一年）がくわしい。

とはいうものの、日本でも母親へ鋭い批判を投げかける、数少ない男性たちの存在を明記しておく。もちろん、いたずらに批判することが望ましいと考えているわけではない。だが、ほとばしるように、ほとんど叫びのようにして記された母への決別・批判・怒りの言葉の数々は、それを表出する勇気とともに、私にとっては忘れられないものなのだ。

哲学者鶴見俊輔（一九二二〜二〇一五）は、自分の母について、その理不尽な虐待的行為について、様々な文章や対談で表現した。虐待という言葉が日本で広がる以前から、身体的虐待と断定し、自分の受けた影響を洞察している。最初に読んだときは正直驚いたが、母を決して許すことはできないという言葉に、彼の揺るがない知性と妥協を禁じる姿勢を感じたものだ。

『ものぐさ精神分析』（青土社、一九七七年）で知られた心理学者岸田秀氏も、自分と母との関係を追究し続けることが職業とつながっていると、様々な機会に語っている。

もう一人、写真家の島尾伸三氏も挙げておきたい。ノンフィクション作家の梯久美子の『狂うひと「死の棘」の妻・島尾ミホ』（新潮社、二〇一六年）にも明らかなように、島尾敏雄・ミホという両親のもとで育った環境は、過酷というほかない。母である島尾ミホの驚くべき言動については、少しずつ時間をかけて多くの著作の中で描写されている。それらを読むと、どんな専門書も極限を生き抜いた当事者の言葉に勝るものはない、ということを痛感させられる。

息子にとって、母を批判することは単なる個別の親子関係を超えて、男性である自分を問い直す意志的な行為であり、決して女嫌い（ミソジニー）につながるものではないことを強調したい。母への批判を否認し、安易な赦しの自己陶酔や乗り越えの錯覚こそがミソジニーを生むのだ。時として、それは手の込んだ女性への復讐や、成人女性への怖れにつながっていくだろう。上記三氏のように、苦しみながらも勇気をもって意識化し、言語化しなければならないと思う。

第二章　家族は再生するのか——加害・被害の果てに

誤解

一人の若い女性が私の講演を聞いたあとに近づいてきて、こう言った。

「知らなきゃよかった」

この言葉は、一九七〇年代にフェミニズムに関する本を読んだ女性たちからも多く発せられたはずだ。そこには私も含まれている。彼女たちは、なんだかヘンだ、それにしても苦しい、でも結婚生活なんてこんなものだ、と自分をなだめて日々を過ごしていた。

ところが、女性差別・性別役割分業といったフェミニズムの言葉を知ることで衝撃を受ける。日常生活の色彩が、淡いブルーから灰色に変わってしまうような変化に戸惑いながら、彼女たちは「知らなきゃよかった」とつぶやく。知らなければ、あきらめてそれなりに穏やかな日常に流されていくこともできただろう。だが、いったん知ってしまった以上、知らなかった自分に戻ることはできない。違和感に根拠を与えられた喜びよりも、引き返すことのできない遠い道のりを思って途方にくれたのだった。

カウンセラーである私は、再び同じつぶやきを多くの女性たちから聞くことになった。彼女たち（時には彼ら）は性虐待の被害者であり、ドメスティック・バイオレンス（以下DVと略す）の被害者である。両者を同列に扱うことはできないが、外部の目から遮断された家族という私的領域において起きる暴力という点では、同じである。

二一世紀を迎え、援助者が性虐待・DVの存在を否定することはほとんどなくなった。しかし、一般的にはいまだに性虐待は近親相姦と呼ばれ、DVは殴る蹴る（け）の残虐行為だと考えられている。近親相姦は、相の字が相互性を表すため、加害・被害の非対称的関係を隠蔽（いんぺい）する。そのため、我々はかなり前からこの表現の使用をやめて、「近親姦」と呼んでいる。

DVに至っては、身体的暴力はDV全体のごく一部に過ぎないことが、ドゥルースプログラム（配偶者に暴力をふるう男性が暴力をやめられるように教育する方法）の「権力と支配の車輪」図においても示されている。殴る蹴るという身体的暴力、性行為を強要する性的暴力以外に、数々の言葉や経済的制裁、脅しや監視といった行為がＤＶの本体なのである。

このような「誤解」を単なる無知と批判することはできない。「誤解」とは、現実のドミナント（支配的）な視点（＝常識）そのものである。被害者を救い、支援するための知識・知見と常識（ドミナントな視点）は、正反対なのだ。父が娘の体を触ることは娘も喜んでおり、合意の上のことなのだ。骨が折れるほど殴ったりしなければ、時々大声で怒鳴ることなどＤＶとは呼ばない。我々援助者からすれば、社会の常識は「誤解」そのものなのである。

被害者と呼ばれるべき女性たちは、そんな「誤解」を信じなければ生きて来られなかったのだ。あしざまに夫から「バカ、ブス」とののしられても、殴られるわけではないから（しかも「手を上げるわけじゃないから」と婉曲に表現される）ＤＶではない、生活費を定額しか渡されず、給与総額を教えてもらえなくても、殴らないので夫はＤＶを行ってはいないと、日々自分に言い聞かせて納得させる。性虐待に至っては、ほとんど記憶の片隅に押し込められており、意識されることすらない。

ところが、何かのきっかけで彼女たちはそれが「誤解」であったことを知る。自分の経験が性虐待やDVと名づけられることだったのだと知る。そのときの衝撃は、淡いブルーから灰色への変化どころではない。まさに、世界が一八〇度回転したかのような変化であろう。足元が崩れるような感覚に耐えながら、彼女たちは「知らなきゃよかった」とつぶやくのである。

しかし、彼女たちは、もう知らなかったときに戻ることはできない。「誤解」と知ってしまったのだ。いつの日か、知ってよかったと心から思えるときがくる、と信じなければ生きていくこともできないだろう。「知ってよかった」と彼女（彼）たちが思える一助となるために、この文章を書いている。

カウンセリングにおける身体

他者の身体に合法的に接触できる職業はそれほど多くはない。代表は医療である。生命を維持するという生存目的のために、接触どころか身体を切り刻み、内臓を摘出することすら正当化される。その他、看護、介護、理学療法、鍼灸（しんきゅう）、理美容などが挙げられるが、いずれも国家資格の取得が求められている。フィジカルな接触を生業（なりわい）とするためには、国家による管理が必要になるのだ。身体接触は、生存のためにという大義を失うと、時として生命危機に至らせる可能性もあるからだろう。

一般的にカウンセリング（心理的援助）は、身体よりも心理・精神的な問題を対象とすると考えられている。しかし、私のような開業心理相談はもっと幅広く家族などの「関係」を対象としている。カウンセリングには、大きく分けて、集団でかかわるグループカウンセリングと個人カウンセリングの二つの形態があるが、一般的には後者が基本とされ、密室で一対一の関係を形成することから始まる。

カウンセラーは、心理学や臨床心理学の学問的知見とそれに基づいた専門的訓練を経たのちに、国家資格である公認心理師試験に合格する必要がある。密室的状況で実施されることから厳しい職業倫理が求められる。

その一つが、同意のない身体接触の禁止である。欧米のように握手やハグといった習慣のない日本では、厳しくタブーとされている。

近年、心と身体という分割をゆるがす問題が、カウンセリングの現場で増えている。たとえば、リストカット、オーバードーズ（処方薬の大量摂取）、摂食障害などであり、さらにはＤＶや児童虐待などの家族内暴力である。

家族外に目を向ければ、性犯罪の被害者、事故によるトラウマ、地震や戦争の被害といった問題がある。これらを暴力という視点から次の四つに分類してみよう。①自分への暴力、②家族内暴力（私的領域）、③市民社会における暴力、④国家による暴力である。①はリストカットなどの自傷行為を表すが、暴力の対象は自分であり、加害者と被害者が一致している。②③にはそれぞれ加害者と被害者が同定されるが、④は政治的判断によって加害国・被害国の同定は大きく変動することになる。

このように、暴力という問題が対象になるに伴って、カウンセリングの現場でも身体性を対象とせざるを得なくなっており、精神科医療との緊密な連携が求められている。また、従来は個人的で心理的な葛藤とされてきたものが、現実の人間関係の加害・被害へと、つまり内的対象が現実の対象へと還流されつつある。

内的な「こころ」の問題とされてきたものを、再び現実の関係の舞台に上らせること。私はこれを「関係還元的」と呼んでおり、そのようにクライエントの問題を扱っていくことが現実的かつ有効な援助だと考えている。

家族は無法地帯である

市民社会は、国家と私的領域である家族にはさまれている。そこでは暴力は犯罪化されており、一歩家を出て、通勤途上で他者から殴られたなら、それは暴行であり、警察に通報して取り締まりの対象とすることができる。殴った側は加害者と呼ばれ、殴られた側は被害者と呼ばれる。このように定義することに、それほど異論はないだろう。

市民社会は、市民を守るために市民＝被害者の立場に立つ。加害者は処罰され、司法・警察などの公権力が行使される。暴力という定義そのものが、被害者の立場に立つことを含意しているのだ。それを再確認しておこう。

④の国家間の紛争が暴力となかなか呼ばれないのは、被害国と同定する基準そのものが政治的であるからだ。九・一一のテロ、イラク戦争をみてもそれは明らかだろう。政治の力学が色濃く反映されることで、素朴な「あらゆる戦闘行為は暴力であり、犯罪である」というスローガンは時に力を失ってしまう。現在でも国家の暴力は容認されたままである。

一方、「法は家庭に入らず」という明治民法（明治三一年施行）の精神は、戦後の民法にそのまま引き継がれている。家族は愛情によって結ばれるのであり、そこに法的規制など必要ない、という観点に立脚しているからだ。戦後民主主義においても、同法の精神は国家権力から個人を守る砦として家族を位置づけることに貢献してきた。後述するDV防止法、児童虐待防止法が国家権力の家族への介入を許すものとして、一部の人たちから反発を招いたのもその理由からである。

法的規制が及ばないということは、言い換えれば家族は無法地帯ということになる。子どもを柿の木に縛って吊るすのも、可愛いからこそのしつけであり、風呂場の水に頭を突っ込むのも体罰となる。夫が妻を蹴るのは犬も食わない夫婦喧嘩の延長であり、平手打ちは妻をしつける行為であった。親や夫はやむを得ず「手を上げる」のであり、スパルタ教育や亭主関白は美名とされ、彼らは加害者などと呼ばれることはなかった。ちゃぶ台返しは笑いとともに容認され、殴られるのは妻が生意気だからとされたのだ。家族を束ねる家長の立場に立てば、家族の中に「暴力」など、はじめから存在しない。

家族内暴力は構築される

親から子へ、夫から妻への「しつけ」「体罰」「夫婦喧嘩」などは、いつから暴力と名づけられ、定義されるようになったのだろう。

バブル崩壊直後の一九九〇年に、大阪で小児科医を中心として子どもの虐待防止団体が生まれた。翌年には、東京でアルコール依存症の地域精神保健のネットワークを中心に、精神科医や弁護士、保健師を中心に同様の団体が生まれた。当時、救急病院に夜間搬送された幼児が頭蓋骨陥没(ずがいこつ)で意識不明の場合、同伴した親の「子どもの不注意で」という言葉を信じるか、親の虐待によるものと判断するかを医師は迫られた。アルコール依存症の夫の暴力から逃げた母親が、手が二本しかないという理由で三人兄弟の第一子を父のもとに置き去りにした場合、その子をどうするかの判断が保健師らに迫られた。

援助者たちは、そのような経験を経て、親子の利害が相反していること、親が子どもを殺す可能性があり、無力な子どもを親から守らなければ生命に危機が生じる、と判断するようになったのである。そのために「虐待」という言葉、定義が必要とされた。

一九八〇年代末には、東京で夫の暴力から逃げてくる女性たちをかくまうシェルターが生まれた。警察に通報しても単なる夫婦喧嘩としか扱われなかったために、彼女たちは身の安全を確保するためにシェルターに逃げたのだ。一九九五年に北京で開催された第四回世界女性会議において、親密な関係にある男性から女性への暴力の根絶が宣言され、参加者たちによってそれが「ドメスティック・バイオレンス」と名づけられた。これ以降、夫から妻への暴力はＤＶと呼ばれるようになったのである。

ＤＶ、児童虐待、高齢者虐待などという言葉は、そう呼ばなければ安全という基本的人権が守られないと判断した人たち、およびその援助者たちの必要性によってつくられ、それによって暴力は構築されたのだ。暴力と名づけ、定義することで、それまで「自分が悪いからだ」と耐えて、ひたすら我慢してきた人たちが、初めて自分を「被害者」と同定し、暴力を行使する人を「加害者」と呼ぶことができるようになったのである。

二〇〇〇年の児童虐待防止法、二〇〇一年のＤＶ防止法（配偶者からの暴力の防止及び被害者の保護等に関する法律）は、法律によって防止すべき暴力が家族内に生起していると国家が認定したことを意味する。無法地帯であった家族に法律が適用されるようになったのは、欧米に遅れること約二〇年である。しかし、「加害者」を犯罪化するまでに至ってはいない。その点で、法は「中途半端に」家庭へ入っているに過ぎない。

プライバシーという壁を突破して虐待する親に介入する権限は、児童相談所に限定的に認められているだけだ。ＤＶも、被害者が夫を告訴しなければ夫は逮捕されないのが現状である。子どもの虐待死が連日のように報道されるたび、「なぜ救えなかったのか」と声高な意見がテレビからは流れるが、再検討する必要性を感じるのは私だけではないだろう。

家族における暴力の連鎖は権力による抑圧委譲

暴力とは他者からの望まぬ侵入を表すが、そう定義することで、加害者と被害者という相反・対立する関係が生まれる。家族内暴力の多くは習慣的に繰り返され、加害者・被害者の関係は相互的ではなく、非対称的である。これが「けんか」と呼ばない理由である。非対称性は権力と言い換えることができ、強いものから弱いものへと行使される。中でも、DVは加害者のほとんどが男性であることから、市民社会における性犯罪と酷似している。

すでに述べたように、暴力という定義は被害者の立場に立つというポジショナリティ（立場性）を前提としている。そして、基本的に被害者はイノセントであり責任がなく、擁護されるべきであり、結果として正義となる。中立的立場が公正であるならば、暴力と定義された関係において、被害者の立場に立つことが中立となる。彼らの行為を暴力と名づけたとたん、中立的立場は被害者の立場へと擦り寄っていくことになる。しつけが厳しすぎた親から虐待する親へと定義が変化することで、中立点は弱者寄りになるのだ。

しかし、この変化は、同時に権力という政治的（ポリティカル）な言葉が内包していた力関係が脱色されることを意味している。市民社会の法による正義の判断へと軸足が移ることで、たとえば被害者の絶対的正義の主張、加害者を悪とする二極対立が発生する危険性も無視できない。臨床心理的援助の世界においても、近年では「被害者支援」が一つの大きな活動の柱になっていることは、その表れだろう。加害・被害の軸は力関係によって容易に転換しうるし、その関係性を脱構築することも可能である。

加害・被害の硬直化した二極対立を避けるためには、動的でポリティカルな視点をもち、被害者性の強調が時には一種の権力を帯びることに十分自覚的であることが必要だ。ＤＶの被害者である妻が子どもを虐待する加害者となるように、家族における暴力の連鎖は権力による抑圧委譲としてとらえることができる。

いっぽうで、常識的な家族観によれば、家族は権力や暴力とは無縁な愛情共同体だ。虐待やＤＶの起きる家族は異常であるとされ、ふつうの家族と切断される。そこには加害・被害の関係性は存在しないのだ。

暴力をめぐる二つの家族観の対立は、児童虐待ではさほど大きくはない。被害者が無力でイノセントな子どもであることで、ヒューマニズムの正義と被害者の立場に立つ正義とが幸運な合体を果たすことができるからだ。

一方、ＤＶは被害者が成人の女性であり、自己選択・自己判断の能力をもっていること、さらに加害者と被害者のあいだには性的関係が結ばれていることから、ドミナントな家族観からは彼女たちのイノセントは保障されない。ＤＶをテーマにした講演を行うと、「妻だって夫を殴っている」「妻が生意気だからじゃないか」といった批判や揶揄が必ず聴衆から寄せられるのもそのせいだろう。ＤＶを扱う際に、中立を超えて被害者の立場に立つことは、しばしば覚悟を要することになる。児童虐待のように正義が保障されてはおらず、従来の家族観と正面から対抗することを意味するからである。

愛情交換という暴力

私的領域における様々な行為が暴力と定義されてこなかった理由は何だろう。婚姻関係を結ぶということは、上野千鶴子（うえのちづこ）によれば「配偶者に対する性的身体の独占的使用権を保障される」ということだ。性的関係を結ぶことで妊娠し、母親は自分の身体から子どもを産み出す。父親は、自身のＤＮＡを受け継ぐ存在として子どもをとらえる。

私的領域とは、そこに住まう人びとが身体を接触し、露出し、性交渉を行うことが合法である唯一の空間だ。市民社会の法の適用除外が家族だと述べたが、家族は成員間の身体接触が合法化されている点を挙げなければならない。出産・育児という行為をみても、母親や父親が子どもの身体に接触することなくして遂行はできない。二〇〇三年度のＡＣジャパンのテレビＣＭでは、母や父が子を「抱きしめる」ことを推奨する映像が流された。しかし、抱きしめることから虐待までの距離はそれほど遠くない。泣き止まない子どもを投げつける、激しく揺する行為にみられるように、虐待はしばしば抱きしめる育児行為の延長として起きる。

身体接触は、時として愛情と暴力の境界を不可視にする。しかし境界の撤去は、性交渉のような融合的関係を実現するためには不可欠でもあるのだ。

市民社会における無闇な身体接触は性犯罪になるが、私的空間であれば許されてきた。父や兄が娘や妹に性的関心を抱いても、多くは愛情の発露として自覚され、母親が自分の苦しみを全部娘に向かって吐き出すことも、血がつながった親子だから当たり前とされる。

兄と妹、夫と妻、親と子の関係が非対称的であれば、一方が合意と思っていても、もう一方は強制、もしくは反発不能と感じるかもしれない。家族という空間では、他者に対して無防備であることが推奨され、それは容易に力による侵入を生む。権力を持つ側の恣意(しい)性、自由放任度は、時としてむき出しの権力の発露につながってしまう。

性的DV

妻を殴る蹴る、物を壊すといった身体的暴力をDVと呼ぶことへのためらいが減り、多くの男性識者がテレビの画面から「今でいうDVですが……」と表現する時代になった。しかし、それ以外の隠微なDVについては不可視のままである。以下に代表例を紹介しよう。

(一) 強制されるセックス

私は、月二回DV被害者女性を対象としたグループカウンセリングを実施しているが、その場でもなかなか表現されないのが性的DVである。それは、性交渉を妻に強制する、いやがる妻にレイプまがいのセックスを強要するといった行為に代表される。

一見したところ問題のない夫婦に見えるが、過去に妻がセックスを拒んだ際に身体的暴力をふるわれたり、「お前は女じゃない」「浮気をしてもいいんだな」「させてもらえるだけでありがたいと思え」……といった暴言を吐かれたりしたために、その次から妻があきらめて応じている例は多い。

世間からは仲むつまじいと見られていても、妻が恐怖から夫の要求に逆らわないだけ、という夫婦関係もあるのだ。彼女たちは「男性の性欲って、そんなもんでしょ」とあきらめてきた。

（二）避妊への非協力

第一子出産後間もないB子さんが避妊を頼んだにもかかわらず、夫が協力してくれなかったので、彼女は年子をみごもることになった。それから二〇年経ち、四〇代後半の彼女は夫からのDVを理由に離婚調停中だが、あの瞬間に夫にはっきりと避妊をして欲しいと要求できなかった自分を今でも責めている。身体的暴力は自分の責任ではない、と納得した。しかし、あの一瞬の避妊を拒めなかったのはいったいなぜだろうか、と考え続けている。

彼女は妊娠から出産を選んだのだが、周囲の援助のない中、年子をかかえての生活は本当に大変だったそうだ。このように、性にまつわるエピソードは、性犯罪のように拒めなかった女性の責任に帰せられることが多く、中には拒むことそのものを責める言説も多い。しかし、なぜか妊娠に怯（おび）える妻に避妊具を装着することを拒否し、セックスを強制する夫に対する批判は少ない。

もう一人のC子さんはこう語った。

「私が女の子らしく振舞うたびに、酔った父親からは容姿をけなされました。母はそんな私を汚らわしいものでも見るような目つきで眺めました。だから、私は女性であるというアイデンティティを確立したいと心から願いながら、その一方で、いつもそれを嫌悪してきました。

三人も子どもを産んだのは、女性（母）というアイデンティティが欲しかったこともありましたが、夫が避妊に協力してくれなかったからです。昨年、子宮筋腫（きんしゅ）の手術の際、子宮全摘となりました。そのことで、夫はまったく性的関係をもてなくなってしまったのです。自分の精子によって妊娠可能な存在でなければ、彼は発情をしないのです。避妊を拒んだのも、私にピルを飲むことを禁じたのも、そのためでした。

もうこれで妊娠しなくなったので、さばさばしました。でも、女性というアイデンティティがどこかで揺らぎ始めています」

四五歳の夫はC子さんにレイプまがいのセックスを強要したり、身体的暴力をふるったりするわけでもない。彼の性欲は、自分の延長・分身である子どもを産み出す可能性に対してのみ発動される。妻である彼女は、産む存在としてのみ夫から欲望される。そして、出産の可能性がなくなったとたん、性的対象からは除外された。

私は彼女の話を聞きながら、性欲は社会・文化的に構築されることを再確認すると同時に、そこに深い暴力性を感じた。彼の性行為は、究極の自己愛・自己中心性の発露である。子どもとは自己の延長に過ぎず、それを産み出す道具にのみ発情するC子の夫、そのことを妻に容易に見せる無邪気さに、かすかな吐き気すら感じたのである。

性虐待の発見

愛情と暴力は、身体を媒介とすることでしばしばその境界が不分明になるが、その代表的なものが性的虐待である。もっとも秘匿されやすい虐待だが、発見の時期によって大きく三つに分けられる。

（一）現在進行中の発見

性虐待を援助者が現在進行形で発見することは、なかなか困難だといわれてきた。しかし、近年援助者たちが発見につながるスキルを身に付けることで、幼少期であっても発見が可能になりつつある。保育や幼児教育の現場、学童クラブなどで、子どもの性的遊びや絵画、身体の異常（性器の炎症など）が発見の糸口になる。保育士に父や兄からの性的虐待について直接語る子どももいる。性虐待に関する知識の普及は、家族内での視線にも変化を起こしつつある。

たとえば、夫が生後七ヶ月の娘のオムツを替えるときの動作を見て、性虐待の萌芽を感じた妻が対応を相談しにカウンセリングに訪れることもある。小学校二年の娘が父親の隣のふとんで眠ることの拒否を母親に目で訴える、というエピソードをひそかな懸念とともに語る女性もいる。

これらの変化は、家族の常識を覆すに足る知識の普及がいかに重要かを表している。そのことで、どれだけ多くの少女や少年が救われるかを思うたびに、もっと広く虐待に関する知識を広げていかなければならないと思う。

（二）想起による発見

被害者が虐待を受けてから、長い時間を経てなんらかのきっかけで想起することがある。しかし、その内容が「真実」かどうかを証明するすべは少ない。多くは何十年という歳月を経て想起されるので、カナダでは父親に対する三〇年前の性虐待の訴訟もあったという。

一九九〇年代のアメリカでは「過誤記憶論争」が大きな話題を生んだ。カウンセラーによって誘導された記憶（その一部は偽であったという）によって、実の親を訴えるケースが続出したことがきっかけで、家族擁護団体がフェミニストカウンセラーに抗議した。カウンセリングでそのような誘導は危険であり、避けるべきであることはいうまでもない。しかし、どのようにして性虐待の記憶がよみがえるのかについて、ずっと深い関心を抱いてきた。

五五歳の教師であるA子さんは、精神不調を感じていた際に二人の娘から「お母さん、最近すこし変じゃない？　一度クリニックに行ってみれば」と言われ、精神科のクリニックの入り口まで行った。しかしどうしても入る勇気がなく、引き返した帰り道、商店街のカバン屋さんの店先で不意に〝パジャマのベルト〟のことを思い出した。小学校のころ、ずっとパジャマのズボンに皮のベルトをして眠っていたが、あれはいったいなぜだったのだろう。奇異な記憶がよみがえり、彼女は不安になった。すると、それが糸口になって次々と記憶がよみがえってきた。

「酒に酔った父は、母に激しい暴力を毎日のようにふるっていた。それを止めようとした兄は、怒った父から向けられた包丁で額を切られた。今は精神科病院に入院している兄の額には、まだ傷痕（きずあと）が残っていると思う。

その兄は、私が小学校になってから、眠っている私の下半身を触るようになった。それを防ぐために、自分を守るために、パジャマの上から皮のベルトをしていたのだ。思いあまって、ある夜、母に訴えたが、聞こえないふりをしていた。たぶん、そのことを知っていたんじゃないだろうか。六年生になって初めて拒否の意志を示したら、その行為は止まった」

A子さんはこう語った。教師という職業柄、性虐待という言葉は知っていたものの、皮のベルトを思い出したことで、自分の経験と兄からの性虐待が初めて一致したのだ。しかし、彼女は兄を訴えようとは思わなかった。もう十分罰を受けていると思ったからだ。ただ、自分を守らなかった母への怒りだけは収まらず、カウンセリングにやってきた。

三〇代のB子さんは、書店に行くたびになぜかポルノ雑誌のコーナーに行ってしまい、本の題名の「性」という字にひきつけられたりしたという。そんな自分をいやらしい、恥ずかしいと思ってきたが、ある日思わず手に取った雑誌が「性虐待」の解説本で、読み進むうちにくらくらとしてきた。中空に浮かび、どのように扱っていいのかわからなかった叔父の行為がなんだったのか。一点に収斂され、性虐待の三文字が浮かび上がったという。それからB子さんの混乱が始まり、両親にも告白した。幸い、娘の言葉を両親は信じてくれたのである。

(三) 症状の背後からの受動的発見

アクティングアウトと呼ばれる若い女性の激しい行動化は、自殺企図を伴い、生命危機を招くため、精神科病院でもしばしば医師や看護者を困らせる。カウンセリング場面で彼女たちの母親と出会うことも多いが、ともに頭を抱え、とにかく生きていてくれることだけを願うことも多い。

そのような症状の背後に性虐待の被害経験が潜んでいることを、しばしば経験させられる。被虐待経験の想起が先なのか、激しい症状が出現し、病院への入院中に想起させられるのか、どちらの可能性もある。前者の場合は、想起によるフラッシュバックを防ぐために激しい症状が出現する。後者の場合は、精神科医は男性が多いこと、強制的に治療を受けさせられる構造そのものが過去の性虐待と重なることで想起「させられる」のかもしれない。

いずれにしても、激しい症状が収まるまでは、被虐待経験を扱うことはきわめて困難であり、厳密な構造のもとでの精神科治療によって、とりあえず生命危機を脱するところまでこぎつけることが最優先される。十分な準備ができていないのに、侵襲的に想起させられることの危険性を、援助者は知っておく必要がある。

記憶は突然よみがえる

先に挙げた二人以外にも、性虐待を想起する多くの女性たちに会い、実際に思い出す場面にも遭遇してきた。彼女たちは、その経験を完全に忘却していたわけではないと思う。誰もが幼いころから自分のストーリーを構築しながら生きているが、おそらく性虐待の記憶は、そこに埋め込まれることを拒んだのだ。異質で恐怖や衝撃に満ちた記憶は、脳によって処理されることを拒む。トラウマとは、そのような記憶のことを指す。また、ドミナントな家族像の中に、父や兄が自分の身体を性的に扱うことは組み込まれようがない。性虐待などあるはずがない、ありえないことを前提として家族の物語はつくられているため、名前をつけることもできない。

名前のない記憶は、視覚、感覚、聴覚といった非言語的記憶として記憶の一部に貯蔵されるしかない。何かが違うという落ち着きの悪さ、言葉にならない記憶をかかえながらぼんやりしてしまうこと（それは、しばしば天然キャラとして笑いをとったりする）、別の世界に生きているようであったり、時には別の人格を生きたりする。

自己の統合が、非言語的な外傷的記憶（トラウマ）によって阻害される。しかしその記憶には、どこかエネルギーが感じられる。生きる過程で人格は統合されているほうが安定して生きやすい。外傷的記憶のもつエネルギーは、統合への欲求と呼べるかもしれない。

記憶がよみがえるには、それを、①名づけ、定義する言葉、②承認する他者、の二つが必要である。しかし、条件がすべて整ったときに想起が起きるわけではない。なんらかのきっかけで、突然それがよみがえる。二人の女性のように、日常生活を送りながら想起を受け止める人は、実は稀（まれ）である。多くは混乱と混迷をきたし、自分を傷つける行為に走り、精神的症状を呈する場合も多い。

承認する他者とは、一般的には私たちのような援助者であるが、時にはグループカウンセリングのような場における仲間である。家族の中に、そのような他者が存在することは稀だ。なぜなら、承認によってこれまで家族成員が抱いてきた家族神話が、一瞬にして砕け散ってしまうからである。

想起後に訪れる困難

彼女たちは、少しずつ言語化し始め、それを話しても安全だと思える他者に向かって自らの経験を語る。語りながら、遡及的に自分の置かれていた状況の残酷さを再確認するのだ。それは、次の四点にまとめることができる。

（一）絶対的孤立感

「テレビでイラクの戦火の中を逃げまどう子どもたちを見たとき、こころからうらやましいと思った」

彼女たちは、しばしばそう語る。一見平和な日本よりイラクのほうがまし、という荒唐無稽な甘えからではなく、この言葉が伝えているものは、絶対的孤立感の残酷さである。

戦火であれば、多くの被災者が存在する。時にはかばってくれる親もいるだろう。ところが、平和な日本の家族愛に満ちているはずの集団において行使される虐待には、「仲間」は存在しない。壁を隔てた隣家では平和な夕食の時間が流れているのに、自分はたった一人でどこにも逃げ場がない。かばってくれるはずの親が虐待の行使者であるという世界の逆転現象は、幼い子どもにどのような世界観を示すのだろう。

(二) 被害の非文脈性

「まるで脳みそが飛び出るような、突然交通事故にあったような、手塚治虫のマンガの吹き出しのような、そんな経験でした。今だからこそ、そう表現できます」

ある女性はこう言った。おじから三歳時に股間を舐められた記憶がよみがえったのは、中学校に入ってからだ。

なぜ、自分がそのような行為の対象にならなければならないのか。なぜ、おじはそのようなことをしたのか。なぜ、そのことを親に言うなと禁じられたのか。それらはすべて謎のままであり、それまでとそれ以後は決定的に分割されて非文脈化されたままであると。異物のように人生の流れをせき止めて、時を凍結して生きることを強いられてきたのだ。

多くの被害者は、その非文脈性を「自分が変な子だったから」「自分が悪い子だったから」という究極の文脈化によって抱え込む。それによって、文脈化できないものはないからだ。しかし、あらゆる経験をそこに詰め込んで文脈化することは、自己否定感、存在の無意味感を同時に発生させる。この感覚は、伏流水のように緩慢な自殺願望として潜在し続ける。

（三）罪悪感

性虐待は、苦痛を感じる場合もあるが、被害児自身がなんらかの快体験を得ている場合が多い。加害者の性器接触に伴う快体験の記憶は、想起後、もっとも被害者を苦しめるものである。一方的に、自分を被害者と定義することへの抵抗が生まれ、「自分もいい思いをした」「共謀していたのではないか」「いやらしい汚らしい自分」という思いが繰り返し襲い、それらは後述するような症状につながっていく。

（四）自己不信（自分の記憶に対する不信）

記憶の一部が想起されたとき、同時に浮かぶのが「これですべてなのだろうか」「ひょっとしてまだ思い出していない記憶があるのではないだろうか」という考えである。これまでないと思っていた記憶が想起されると、今ある記憶への不確さも生まれる。

（一）から（四）までの絶対的孤立感、非文脈性、罪悪感、自己不信は、彼女たちの人生にのしかかる計り知れない重石(おもし)である。

ここで、そのような行為をした加害者（父、兄、おじ、祖父）に目を転じてみよう。彼らは加害の自覚などなく、ただおいしいお菓子を食べるように、珍しい虫をつかまえるように、日常生活の延長でその行為を実施しただけである。悪いことをしたという自覚もないし、多くは忘れてしまっている。だから、被害者の言葉を全否定し、過誤記憶であると一刀両断するだろう。残酷なことに、被害者は、彼らにとってお菓子や虫と同じなのである。抵抗しなかったから合意したのだと思い、時にはかわいがってやったとさえ考えることもある。

過誤記憶という言葉を用いることが許されるなら、彼ら加害者の記憶こそ過誤である。

サバイバルの過程

このような性虐待に伴う苦痛・苦悩の中を、被害者たちはそれでも生きていく。生半可なプロセスではなく、まさにサバイバルというに値する。それには、多くの技(わざ)が必要だ。スキルと呼ぶにはあまりに不器用でリスクが高く、私は技と呼びたい。

被害経験を想起したとたんに始まるサバイバルは、意図的・意識的行為ではなく、一人の人間として統合された自己を実現するため、全存在を総動員して実現される営みである。その典型的な姿を、薬物依存症の女性たちにみることができる。彼女たちの回復に向けてのプロセスから学びつつ、性的虐待被害者のサバイバルの過程を三段階に分けて述べる。

（一）身体と自己の切り離し

彼女たちは身体を邪魔なもの、時にはないものとして生きる。自分の身体があるからこそ性的対象として扱われたのであり、性的対象になるとはどのようなことかを知る、はるか以前に性的対象とされてしまっていたのである。自分の身体に、自己意識の成立する以前に他者から侵入されてしまった。

　彼女たちにとっての身体とは、父や兄からの性虐待の対象であり、触られ見られ、そしてレイプの対象でしかなかったのだ。時には、恋人からの暴力の対象であった。彼女たちは言う。

「この私の生身（なまみ）の身体があるから、殴られたりレイプされたりするのだ」「私にとって身体は不快なものでしかなかった」

　だから、彼女たちは自分と身体を切り離すことで生きる。原初的なサバイバルとも言えることの技は、度重なる怪我、不注意な事故などを伴う。

もちろん、すでに述べた解離的症状もそこに付け加えられる。まるで、自分の身体を捨ててしまいたがっているかのような無防備な行動は、逃げようと思えば逃げられるのに、一瞬のためらいで交通事故に遭うといった場面、突発的な飛び降りなどの自殺企図などだ。解離的症状は、ふらふらと歩きながら知らない駅に降り立ち、にわか雨に濡れて帰宅する。ハッと気づくと、濡れた衣服のままで自宅に戻っていたりする。時には、複数の男性との性行為、売春などを行うこともある。

また、薬物乱用、アルコール乱用は、身体感覚を麻痺させ、変容させることで、一時的に身体の切り離しを成功させる。この成功体験は一種の快楽となり、薬物依存症へとまっしぐらに向かわせる。若い女性の薬物・アルコール依存症者に性虐待の被害者が多いのも、それで納得できる。

(二)　身体を取り戻すために（自分に対する暴力）

自己と身体を切り離すことで、彼女たちはなんとかサバイバルするが、それは同時に多大なリスクを生み出し、時には生命危機すら招く。彼女たちは、次に一度切り離した身体を取り戻そうと試みる。その代表的な手段が自傷行為と摂食障害である。

自傷行為には、抜毛、ピッキング（肌をつまんで傷つける）、シャープペンシルの先を手当たりしだいに突き刺す、刃物でふとももを傷つける、胸元や首筋を切る、などがある。

中でも手首を切るリストカットは、簡便で象徴的な行為である。もっとも切りやすい場所である手首、そこを真横に切るという行為、あふれ出る真紅の血。そのすべてが、刃物さえ手元にあればいつでも可能なのだ。

自分の身体であることを痛みによって確認でき、いつでも容易に傷痕を確認できる場所であることも重要な要素だろう。切る行為だけでなく、傷痕が残存することで事後的に、視覚的に確認できることの意味も考えざるを得ない。

カンヌ映画祭グランプリ受賞作品『ピアニスト』（フランス・オーストリア映画、監督ミヒャエル・ハネケ、二〇〇一年）では、主人公の女性がかみそりで自分の性器を傷つけるショッキングな場面が映し出されるが、主人公が痛みと流れる血を見ることで快感を得ている点は同じだろう。自分の身体を傷つけ罰することで、自分が身体を完璧（かんぺき）にコントロールしているという支配感覚を得る。これによって、彼女たちは身体を取り戻すのだ。

拒食、過食嘔吐（おうと）、チューイング（嚙（か）んで出す）、下剤乱用といった多様な症状の集合が摂食障害である。

習慣的に繰り返されるそれらの奇妙な食行動は、女性としての成熟を拒否しているという成熟拒否説、母親との葛藤を指摘する母子葛藤説、若い女性に対する社会からの要請に注目するジェンダー論的アプローチ、嗜癖（しへき）の一種であるとするアディクション説など、様々な立場から論じられてきた。罹患（りかん）者が圧倒的に女性優位の構成であることから、ジェンダー的視点は欠かせないだろう。

自傷行為との共通点は、自らの身体を自分の望みどおりにコントロール（痩（や）せを維持）することを目的としている点だ。食欲と戦いながら、毎朝手首の細さを確認する。鏡に映る自分の身体をチェックし、醜く肥満した身体でないことを確認する。身体から発せられる欲求に敵対しながら、それを完璧にコントロールしようとする。実は敵対し、抑圧することで身体からの反発を感じ取っているのだ。そのようにして、自らの身体を完膚なきまでにコントロールし、痛めつけることでしか、彼女たちは自分の身体を取り戻すことができないのだろう。

(三) 自分と身体を統合させる

身体を取り戻そうとして、自分の身体を痛めつけることは、サバイバルでありながら、一方で生命の危機を招くことになる。いばらの道であったが、それしかサバイバルの道筋はなかったのだ。最終的に、彼女たちは薬物を断つ、リストカットをやめる、食べたり吐いたりすることをやめることで生き残ることしかできない。私たち援助者の役割は、この段階においてもっとも必要とされる。

そこに残されたものは、かつて性虐待の対象となった身体をもつ自分であり、リストカットの傷痕の残る手首である。彼女たちは、初めて正面から自らの経験と対峙しなければならない。痛みを痛みとして感じることを強いられる。そうしなければ、やはり生き残ることができないのだ。この時期の彼女たちは、しばしば奇妙な身体の不調やうつに悩まされる。どのように身体と付き合ったらいいのか、身体感覚をどのように名づければいいのかを一つずつクリアーしていくのだ。そのためには、言葉を獲得しなければならない。

このサバイバルに必要なものがグループであり、仲間の存在である。家族に傷つけられ、身体を切り離さなければ生きて来られなかった彼女たちは、家族以外の人間関係を得ることで生き直すことができるのだ。同じ苦しみを抱えている女性、同じようなプロセスをたどってサバイバルしてきた女性たちが、仲間である。

自分の身体が自分のものである、というシンプルな言葉を当たり前のように語れることの大切さを誰よりも知っているのが、彼女たちではないだろうか。

最大の課題は「加害者」への対処・処遇だ

市民社会の犯罪における加害・被害と、家族のそれとは大きく異なる。親子の関係は、親権停止をしない限り残り続けるだろう。夫婦の関係も、ＤＶが行われたらすべての夫婦の関係が解消できるわけでもない。

虐待において家族の再統合を図る試みがなされているが、最大のポイントは「加害者」への対処・処遇であろう。被害者がどのように長期にわたり、生き延びるための厳しい日々を過ごさなければならないかを述べてきた。しかし、その虐待を行使した男性（父や兄や祖父）は穏やかな日常を過ごしており、何の痛痒（つうよう）も感じていない。この不平等さをどのように解消していくかが最大の課題だ。

私はＤＶの加害者に対するプログラムにかかわっている。一点だけ強調するなら、彼らに被害者の苦しみがどれほどのものであるかを正確に伝え、その責任は彼らにあることを示していくことが最低限必要である、ということだ。彼らがそれを引き受ける覚悟を示し、謝罪をすることで、かろうじてその家族は崩壊を免れるだろう。

責任を取ることを抜きにして、暴力の生起した関係の再生はありえない。そのためには暴力と定義づけ、被害者性を構築し、さらに「加害者」性を構築するプロセスが必要となる。

ロマンティックラブイデオロギーの解体と非暴力家族の可能性

望むと望まざるとにかかわらず、家族を形成したとたんに権力を手に入れてしまう男性（夫・父）には、暴力防止の責任が発生する。子どもを産んだとたんに法外な権力を手に入れる母親にも、同様の責任が発生する。もちろん、それらを個人の問題だけに帰すことはできない。大前提である男女不平等の是正を強調したい。世界経済フォーラムのグローバル・ジェンダー・ギャップレポート二〇二〇で、日本のジェンダー公正を表す指数は、一五三ヶ国中の一二一位となっている。二〇〇六年の最初の調査時には七九位だったことを思い起こすと、この転落は驚くべき状況だ。

では、果たして父・母・子のトライアド（三角形）から成る家族、近代家族において、権力と暴力を防止する装置は可能なのだろうか。家族内の弱くて小さな存在の安全性が守られるためには、何が必要なのだろうか。もちろん、すでにアメリカやカナダで実施されている家族の暴力への厳罰主義的な政策的対応に学ぶ視点が必要なことはいうまでもない。

もう一つの可能性は、近代家族を支えるロマンティックラブイデオロギーの解体であろう。愛と性と生殖の三位一体説の一角を崩していくことで、暴力の防止が図られるのではないだろうか。次世代再生産の可能性が生殖医療の進捗によって広がれば、同性による家族形成も可能になるかもしれない。また、コーポラティブハウスに見られるような、個人の集合体である住居も生まれている。

親密な関係の危険性を熟知し、それを避けて暴力防止を目指すならば、男女と親子という関係が家族を構成するという、近代家族の基本そのものを問い直す必要が生まれる。個人が安全に生きるための器が家族であるとすれば、もっと多様な独創的な家族が生まれてもいいだろう。ペットと暮らす人、男同士、女同士で暮らす人など。いずれも「これが家族だ」と言ってしまえば、それが家族になる。ＬＧＢＴＱといった性的多様性の尊重を掲げる動きが、家族のあり方を変えていけることを信じたいと思う。

少子・非婚化が問題とされて久しいが、三〇代を中心とした世代の動向は、家族の未来像を暗示しているのかもしれない。

「知らなきゃよかった」とつぶやいた女性たちは、どちらに向かって進んでいくのだろう。カウンセラーとしての私の役割は、彼女たちが「知ってよかった」と言えるようになるために、人生の一時期を伴走することなのかもしれないと思っている。

（本章に登場する女性たちは、カウンセリングをとおしてかかわった人たちを再構成したものであり、実在の人物ではないことをお断りしておく）

第三章　DV支援と虐待支援のハレーション

IDカードのような「家族のために」という言葉

日々、私たちが様々な媒体で目にする家族は、多くは均一化され、同じ表象として提示されている。「家族のために」という言葉は、万能パスポートのようでもあり、どんなセキュリティもするりと通り抜けられるIDカードのようでもある。しかし、同じ言葉を用いていても、まったく異なる背景や考えに基づいていることを、しばしば私たちは経験してきた。

二〇〇七年、当時の内閣総理大臣安倍晋三（あべしんぞう）は、「家族・地域のきずなを再生する国民運動」を提言し、一一月の第三日曜を「家族の日」と定めた。その前後一週間を「家族の週間」とし、地方自治体などに働きかけて、家族のきずなを強めるように広報・啓発活動を行っていくとした。もともと、一一月は内閣府主導のもとでＤＶ（ドメスティック・バイオレンス＝配偶者からの暴力）防止キャンペーンが行われており、厚生労働省主導で児童虐待防止推進月間にもなっていた。

当時、この三つの動きは、ともに一一月を公演期間とする演劇の競演のようにも思えた。それぞれが公演のポスターを貼れば、いずれも「家族」をキーワードにしているため、いったいどれを観ようか迷ってしまうだろう。劇団内閣府、劇団厚労省、劇団自民党と劇団名は異なり、立派なポスターもあれば、ちんまりしたのもある。お金のある劇団と貧しい劇団もある。では、劇の中身はどう違うのだろう。三つはそれぞれ異なるどころか、相互に齟齬（そご）すら生じかねないのである。

「家族の日」に至る歴史

「家族の日」「家族の週間」の背景について述べておこう。二〇〇六年に内閣総理大臣に選ばれた安倍晋三は、自民党幹事長代理だった前年に、自民党内に「過激な性教育・ジェンダーフリー教育実態調査プロジェクトチーム」を組織し、同年四月にホームページ上で調査を行った。インターネット調査は最近では珍しいことではないが、調査目的には、「学校教育現場での過激な性教育・ジェンダーフリー教育の実態を調査し、党並びに政府与党の政策に反映いたします」と書かれていた。

このような流れの一環として、女らしさや男らしさを尊重し、日本のよき家族の伝統を強調する「家族の日」が生まれたのだ。彼が主導するプロジェクトチーム（ＰＴ）は、以後、ジェンダーという言葉の排除を謳い、それに同調する国会議員たちを中心とした運動は全国の地方自治体にも広がった。いわゆる、ジェンダーフリー・バッシングと呼ばれる一連の動きの中から、図書館からジェンダーをタイトルの一部にした書籍が排除される事態も生まれた。

ちなみに、私と上野千鶴子さんとの対談本『結婚帝国・女の岐れ道』（講談社、二〇〇四年）は、福井県の生活学習館の図書スペースから真っ先に排除された事実がある。これは「福井焚書坑儒事件」などと呼ばれた。その際のＰＴには元防衛大臣稲田朋美も加わっていた。日本会議に象徴される、現在に至る反動の流れにつながることはいうまでもない。

家族という親密な関係の場は、いつの世も同じではなく、親子の情も万古不変ではなく、時代の波や社会変動の影響を受けて大きく変貌（へんぼう）していくものだ。そして、あるべき家族の姿の構想をめぐって政治的対立が生まれ、時には正反対の主張が飛び交うこともあるのだ。

DV相談窓口と子どもの虐待相談窓口は異なる

劇団自民党以外の演劇はどうだろう。

厚生労働省劇団による「児童虐待防止推進月間」という演劇と、内閣府劇団による「DV防止キャンペーン」という演劇だ。前者はそれなりにお金を持っており、大きな劇場で公演を行っている。何より、子どもの虐待を防ぐというテーマは多くの観客の共感を呼ぶために、集客力は後者の比ではない。それこそ老若男女がわんさかと押し寄せて、時には会場で涙する人もいる。

ところが、後者の内閣府劇団はそれほど資金力が豊かではなく、劇団員も「男女共同参画センター」「婦人相談センター」といった、「女性」という言葉が目立つ人たちによって構成されている。そのせいか、客層も女性が多く、なんだか必死になって頑張っているような雰囲気が目立つのだ。男性の多くは劇のタイトルそのものを敬遠しているようで、劇場に近寄ることすらしない。

比喩（ひゆ）的に述べてきたが、これは私の創作ではなく、現状をそのまま表しただけのことである。カウンセラーとして、日々この二つの劇団の乖離（かいり）、無関心、相互不干渉などを実感しているからだ。おそらく、援助の仕事にかかわっていない多くの人たちにとっては驚きに思えるかもしれない。DVと虐待はともに家族の中に生起する暴力なのだから、どうしてその二つがバラバラなのだろうかと。

その実態の一端を述べよう。まず、DV相談窓口と子どもの虐待相談窓口は異なる。前者は、市町村は設置が努力義務とされているが、独立した窓口ではなく、ストーカー対策室の中だったり、人権課の片隅だったりする。対応する人も専門員とは名ばかりで、非常勤で掛け持ちだ。

各県などに設置されている男女共同参画センターは、一九九九年の男女共同参画社会基本法が出発点となった。それぞれが意匠を凝らした名前（愛称）をつけている。たとえば、あすばる、オデッテ、スピカ、ているる……といった具合で、なかなか覚えきれないほどだ。それらもDV相談の窓口にはなるが、できることは限定されている。話を聞くことはできても、夫のもとから逃げるための具体的介入は婦人相談所が行うのである。

婦人相談所は売春防止法三四条に基づいて設置されているが、現在は配偶者暴力相談支援センターの機能を担う施設の一つである。身に危険が及ぶ夫の暴力を受けている女性は、配偶者暴力相談支援センターに電話をかけなければならない。性暴力の場合は、一カ所ですべてがまかなえるワンストップセンターが各地にできつつあるが、ＤＶはそうではないのだ。

一方、虐待は児童相談所がすべてを担当する。虐待ではないかと思ったら、「疑わしきは通報せよ」が方針になっているので、数多くの通報が毎日のように寄せられる。この二つのＤＶと虐待の相談窓口は、東京都のような大都市の場合は建物も別になっており、関係者が互いに顔を合わせることもない。なにしろ所轄部署がまったく異なるからである。虐待は厚労省の雇用均等・児童家庭局の管轄であり、ＤＶは内閣府男女共同参画局推進課の管轄なのだから。

ところが、地方都市になると、公的機関は同じ建物を使用することが多くなるので、二つの部署が同じ建物に入っていることは珍しくない。時には、同じフロアということも起きる。「お～い」と声をかければ聞こえる距離なのだから、ＤＶも虐待も担当者が相互に協力できるのではないかと思うのは甘い。同じフロアであっても、システム的に仕事内容の交流は少ないと考えたほうがいい。

中には、小規模自治体の場合、昨年度は虐待担当だったが、今年度からDV担当に異動することも起きる。子どもを虐待した父親と頻繁に電話連絡をとっていても、彼が同時に妻を殴っていることがわかったとたん、連絡を絶つことになる。それはDV相談の管轄であり、まして被害者を飛び越えてDV加害者と接触することは危険だと考えられているからだ。

このような、不自然で奇妙な現象がおそらく全国でいくつも生まれていることは間違いない。いずれも、所轄官庁の違いによる縦割り行政の反映が背後にあるからだ。しかし、そればかりとはいえない。もっと深い理由があるのではないだろうか。

深い溝

この現象は、日本だけの特殊な問題ではない。

二〇〇三年、内閣府男女共同参画局推進課のDV加害者更生に関する調査研究・研究会ワーキングチームの一員になった。この経験が私の大きな分岐点になったことは事実である。それから現在に至るまで、カナダのオンタリオ州、ブリティッシュコロンビア州に何度も訪れて、DV加害者対策を学んできた。その後オーストラリアも訪れ、同じくDV加害者対策とＤＶ被害を受けた母子支援対策の調査を行った。この二国のＤＶ対策は、法的整備、プログラムの充実、予算の額の大きさなど、いずれも日本よりはるか先を歩んでいることは間違いない。

しかし、カナダでもオーストラリアでも、ＤＶにかかわる専門家と子どもの虐待の専門家とのあいだには、深い溝があることを知らされた。私が出会ったＤＶの専門家たちは、その溝を前提としながら、どのようにそれを克服してきたのかを語ったほどだ。

二〇〇五年、カナダのオンタリオ州ロンドン市を訪れた際、Family Court Clinic の所長であるリンダ・ベーカーさんは、八〇年代にアメリカで研修を担当したときの経験をこう語った。

「大勢の聴衆がいたのですが、まんなかの椅子だけが一列空いているんです。向かって右側は虐待の関係者、左側はＤＶの関係者ときれいに二つに分かれていました」

私はかねがね日本の現状を憂えていたが、この話を聞いて「アメリカもそうだったのか」と、驚いてしまった。

二〇〇九年にオーストラリアを訪れた際には、シドニーでもブリスベンでも、虐待の関係者とＤＶの専門家とがなかなか連携がうまくとれないことを何度も聞かされた。彼らもどうして溝があるのだろうと憤るのではなく、むしろそれを前提としながら、その溝をどのように埋めていくかを考えることが先決だと考えるようになっている。

全国にあふれている虐待例

児童虐待防止推進月間のシンボルはオレンジリボンであり、DV防止キャンペーンのそれはパープルリボンである。違いは、リボンの色まで変えるのだ。しかし、いつまでも嘆いてばかりいるわけにはいかない。とりあえず、その背景を考えてみよう。

一つの例題として、ある若い夫婦と子ども一人の架空の家族を取り上げることにする。

二三歳のアキオは、妻であるミネコと半年前に入籍した。高校を卒業してからパチンコ店でバイトをしていたが、そのころ居酒屋でアルバイトをしていた高校生のミネコと知り合った。アキオの母は、三度目の夫と同居している。アキオとは父親違いの二人の弟がいるが、一人は恐喝で少年院に入っている、三人目の父親は、ひどく酒癖が悪く、気に入らないとアキオを殴りつけた。あまりに度が過ぎるので、バカにされないようにと一度包丁を突き付けてやってから、少しだけおとなしくなった。

ミネコの家庭も似たようなものだ。父親は定職に就かず、パチンコ屋に入り浸り、時々土木作業員をしながら暮らしていた。母親はパートを二つ掛け持ちしながら、ずっと夫の愚痴をミネコに聞かせていた。狭いアパートだったが、不登校の弟が昼間からごろごろしており、家に帰っても自分だけの部屋など望むべくもない。

二人は最初から気が合ったし、家を出たいという気持ちも同じだった。ミネコの高校卒業と同時に、二人のバイト代を合計すれば借りられる、ぎりぎりのアパートを探して同棲を始める。

アキオはミネコが避妊を迫るのをいやがった。ミネコはそんなアキオから捨てられるのも怖く、自己主張するとすぐに暴力をふるわれるのもいやで、言われるままにしていた。まもなく妊娠がわかる。すでに四カ月を過ぎていた。ミネコは「中絶したい」と言ったが、「そんな金なんかねえ」とアキオに一喝された。

実家の母親に相談したが、「ふしだらな娘だ」と吐き捨てられる。めんどうくさいのでそのままにしていたが、居酒屋からは「おなかの大きな子は要らない」と首になった。

アキオは、それでも頑張ってパチンコ店で休日もなく働き続け、入籍すればいろいろな手当も出ると聞かされて、役所に行って入籍した。

その一ヶ月後に元気な子どもが誕生する。ミネコは出産一ヶ月後からキャバクラに出ることにした。毎日育児をするのがつまらなく、誰とも会えないからだ。実家の母も一度も孫を見に来ることもなく、アキオの母も電話をかけてきたが、「あの人がおじいちゃんなんて言われるのをいやがるのよ〜」となまめかしい声で言っただけだ。

そのころ、アキオは客にいちゃもんをつけられたことで相手を殴り、示談にしてもらう交換条件としてパチンコ店を首になった。ミネコが眠っている昼間は、いつもの友達とゲーセンで遊んだが、夕方からは子どもの面倒をみるために帰宅しなければならない。そんな不自由さから、明け方、酒のにおいをさせて帰宅するミネコを殴った。

「アキちゃん、だめよ、腕だけはやめてね。お客にあざがわかるとまずいよ、商売道具だからさ」

部屋の隅で殴られるままになっているミネコは、そうつぶやいた。

生後八カ月の子どもを頭蓋骨陥没で虐待死させた容疑で逮捕されたアキオは、取り調べに対して、悪びれずにこう語った。

「女房が夜仕事に出かけて、俺が子どものめんどうを見ていたんすよ、ねえ、大変と思いません？　子どもはずっと夜泣きばっかりするし、俺がおっぱいやるわけいかねえし。そりゃイライラしますよ。どんだけゆすっても泣きやまないんすから、あいつ……そんで思わずしつけたる、と叩いたらぐったりしちゃったってわけ。これ、ほんとっすよ、ぜんぶ」

ぐったりした子どもを発見して警察に通報したのはミネコだった。警察官が訪れ、逮捕されたアキオを見て激しくミネコは泣いた。

「アキちゃん、ごめん、ほんとにごめん。待ってるから、ね、ね、子どもなんてまた産めばいいからさ」

このような若いカップルは、日本中にたくさんいるに違いない。私はこの夫婦を描写しながら、ダルデンヌ兄弟（ジャン・ピエール&リュック・ダルデンヌ）が監督した『ある子供』（二〇〇五年）という映画を思い出していた。その映画も、貧困と原家族の崩壊の中で子どもを育てる若い夫婦像を描いていた。国は変われども、先進国における最貧困層の若者たちはなんとよく似ていることだろう。

私たちのカウンセリングセンターを訪れる人たちは、一定程度の経済力を有していると思われるので、このような事例に出会うことは少ないが、公的な援助機関では、珍しくない。特徴は、DVも虐待も渾然一体となっていること、不登校や引きこもり、薬物問題、知的障害などの問題が山盛りになっていることなどだ。さらに、家族の中の誰もが「困った」と感じていないことだ。困らなければ問題として浮上することもなく、この事例のように、もっとも弱く無力な存在が殺されるまで放置されることになる。家族という不可視な空間だからこそ、暴力や性をめぐるルールはまったく無視される。

報道では虐待だけが選ばれて強調される

カオスのような家族で、どのようにしてDVと虐待を腑わけするのだろうか。そのほうが不可能と思われる。しかし、ひとたびマスコミがこの事件を報道すると、様相は一変する。おそらく、新聞やテレビは次のように伝えるだろう。

「生後八カ月の子どもがまた虐待によって亡くなりました。悲劇はどうして起こったのでしょう。容疑者である父親は、失業中で毎日母親に代わって子育てに励んでいました。母親は毎晩仕事で不在だったようです。その夜も一人で夜泣きをする子どもをあやそうとして、しつけと思って子どもを殴ってしまったと供述しています」

そこに漂っているのは、子育てをしないで仕事に出る（それも深夜）母親の責任を、暗黙のうちに責める調子だ。世論は、母の責任と慣れない子育てをまかされた父親への同情へと導かれるだろう。いかにもわかりやすく、誰もがうなずく物語へと再構成された中には、彼が妻を殴っていたことも、すぐ近くに住んでいるのに援助もしなかった二人の実家の親のことなども書かれはしない。

　このように、家族の中の暴力から虐待だけが選ばれて強調されるのだ。なぜなら、被害者である子どもは無垢(むく)で無力な存在であり、おまけに親を選んで生まれてきたわけではないからだ。これほど圧倒的なイノセンス（免責性）があるだろうか。

　それに比べると、ＤＶ＝妻への暴力は違う。被害者の妻は成人であり、逃げる自由をもっている。夫とは合意の上で結婚したのであり、選択した責任は妻にもある。それに夫婦は「対等」のはずだから、あそこまで殴られるには、妻にも悪いところがあるのだろう。常識からは、こう考えられるに違いない。虐待に比べると、ＤＶは妻の責任をめぐる複雑な説明や理論化を経なければ、彼女たちを声高に被害者と断定することは難しい。

　暴力とは、加害・被害を生み出し、加害＝悪＝有責、被害＝善＝免責という図式につながっていく。

　マスコミの役割の一つは、世界の明晰(めいせき)性の保証だろう。多くの人たちの不安は、それによって軽減されるからだ。ある事件を因果論でわかりやすく解説して、この世には謎などないと示すのだ。二〇年前には、まだマスコミには（読者も）謎を抱え込むだけの許容量があった気がするが、心の闇という言葉の登場とともに、どんどん報道がわかりやすさに走っている気がしてならない。

そのような時代の反映が、DVと虐待の、報道における姿勢の違いを生んでいるのではないだろうか。その点で、虐待はわかりやすいからだ。

「親の愛」という神話

もう一つの理由について述べよう。

幼い子どもが殺されるという事件は、しばしば世論を喚起する。世界の明晰性を保証するマスコミが加害者の悪・罪を際立たせるのだ。これほどわかりやすい善悪の判断はない。だから、子どもの虐待を防ぐことに反対する人はいない。

しかし、このような善悪の判断ですら、日本では一九九〇年代を迎えるまで、大きな壁に阻まれて不可能だったことは強調しなければならない。その壁とは、「親の愛」という神話である。たとえば、『巨人の星』というマンガは親子愛をテーマとしているように思えるが、星一徹の過酷なまでの息子飛雄馬に対する仕打ちは、虐待と読みとることもできる。

加害者である父親は、「しつけのつもり」だという。それは嘘ではない。世の親たちが、どれほどしつけという名のもとに自らのうっぷんをはらし、子どもに怒りをぶつけているだろう。「親が子どもを殺したり憎んだりするはずがない」「なぜなら、どのような子どもであっても、実の親は子どもをかわいいと思い、愛情を注ぐものだから」という神話によって、そのような親の放埒な行為は不可視にされてきたのだ。親であることの強大な権力性は、この神話によって担保されてきた。子どもの立場に立てばどのように受け止められるか?という疑問すら発生する余地は残されていなかった。

子どもへの絶対的権力に無自覚な親たち

先の若い父親も、キャバクラで働く若い母親も、親になったとたんに社会から付与されたものがある。それは、子どもという存在に対する絶対的権力である。親からの暴力や育児放棄によって子どもの命が危険にさらされるとき、誰もが子どもを救わなければと思うに違いない。ところが、夫からの暴力によって命の危険や精神的危機に陥った妻には、多くは「妻にも原因がある」「よほどのことがなければあんなひどいことしない」「男は手のひらの上で転がしていればいいのに」と、むしろ批判が集中するのだ。

つまり、子どもへの暴力は、無条件の弱者であるがゆえに絶対悪となるが、妻はそうではないとされる。対等な大人であり、逃げようとすれば逃げられるはずだ、と。子どもとは異なる判断力をもっているはずだし、夫婦は対等なはず。だから、そのあいだに起きる様々な出来事は、夫婦で解決すればいいのだ、と。建前上の男女平等原則を踏まえた人ほど、このように考えがちである。

しかし、現実に起きていることは、妻には何をしてもいい、女のくせに男に口答えをすることは許されない、女は男より劣っているのに生意気な態度をとるのだから殴られても当然、という家族の中で明からさまになる男女不平等、女性差別、女性蔑視に基づいた暴力だ。子どもが大人より弱いことは自明だが、さまざまな不平等によって、女性が弱者化されていることは、DVの事例をみれば明らかである。しかし、自らの権力性に男性が気づいているわけではない。

第四章　面前DVという用語が生んだもの

この章ではDVを歴史的視点からとらえ、加害者・被害者への対応について簡潔に述べることで、父・母・子を視野に入れたDVの包括的支援の可能性を探りたい。

歴史①　家族の暴力などなかった

加害・被害という言葉が臨床心理学や精神医学で使用されるようになったのは、いつごろからだろう。私は加害・被害という判断枠組み（パラダイム）を司法（フォレンジック）モデルと呼んでいるが、日本の援助の世界に司法モデルが参入してきたのは、一九九五年以降だと考えている。それ以前は、現実に起きる暴力より、それに伴う心理や内面を対象としてきたのである。

一九九〇年ごろだったか、参加した学会のシンポジウムで、演壇に居並ぶ高名なシンポジストたちが性虐待を女性の妄想だと断定していたことを覚えている。たぶんずっと前から起きていたはずだが、それを加害・被害パラダイムに基づいて「性虐待」と定義しない限り、被害も存在しないことになる。

歴史②　ＰＴＳＤ誕生とベトナム戦争

加害・被害パラダイムそのものが、援助の世界で一般化したのは、ベトナム戦争後のアメリカにおいてである。史上初の勝てなかった戦争は、アメリカに国家財政の赤字と膨大な帰還兵を生み出し、彼らは心身の障害を訴え、家族内の暴力や薬物・アルコール問題も激増した。帰還兵たちの治療が国の責任であることを明確にするため、ＰＴＳＤ（心的外傷後ストレス障害）という診断名が一九八〇年のＤＳＭⅢ（精神障害の診断と統計の手引き書第三版）に登場したことはよく知られている。

この裏側に、もう一つの動きがあったことを指摘しておかなければならない。親密圏＝

家族において、長期にわたり反復される暴力を受ける女性たちを救済するために、複雑性PTSDという診断名を加えようというフェミニストの女性精神科医たちを中心とした運動が起きた。

国家の暴力＝戦争の被害者救済と対極にある、親密圏＝家族における暴力被害の救済が、アメリカ精神医学会のPTSDという診断名をめぐって同時に試みられたことは、興味深い。身体が外傷を受けるのなら、心も外傷を受けることを訴えたのである。しかし、それはDSMⅢには加えられなかった。あくまで特定可能なできごとによるトラウマに限定されたからだ。その後複雑性PTSDは、二〇一八年にWHOによる国際疾病分類一一版（ICD－11）にC－PTSDとして正式に加えられることになった。

歴史③　一九九五年が日本の転換期

幼少時のトラウマが犯罪や精神疾患の原因だという俗流トラウマ論は、一九八〇年代から日本でも少しずつサイコホラー作品をとおして広がってきた。

一九九五年一月の阪神（はんしん）・淡路（あわじ）大震災、三月の地下鉄サリン事件以降、建物や道路だけでなく、心もまた被害を受けることが共有され、トラウマという言葉がメディアをとおして広がることになった。九六年のアダルト・チルドレン（ＡＣ）ブームは、親子関係に加害・被害パラダイムを持ち込むことによって起きたといっていいだろう。このように、ＤＶと虐待は可視化されたのである。

加害者は被害者に責任を取るべき存在

加害・被害というパラダイムは、被害者支援から誕生した。犯罪を裁くのは社会正義という秩序維持のためだが、それは被害者救済の意味も含む。したがって、ＤＶと名づけることそのものが被害者支援を意味するのだ。

責任は一〇〇％加害者にあり、被害者に責任はないという圧倒的非対称性に拠るために、従来の心理職の「中立性」とどこかで抵触する。しかし、虐待・ＤＶと定義する段階で、被害者の立場に立つ以外の選択肢はなくなるのであり、中立性とは被害者ポジションを意味する。この点が、加害者へのアプローチ（加害者臨床）の中核になっており、援助者の位置取り（ポジショナリティ）がブレることは、そもそものアプローチの意味がなくなってしまう。

加害者ケアや加害者支援といった言葉が不適切なのは、加害者は第一義的には被害者に責任を取るべき存在だからだ。そのためのプログラム参加であり、まさに適切な教育によって更生を目指すべき存在なのである。

殴られれば、誰もがDV被害者と自覚するわけではない

私が運営するカウンセリングセンター（以下センターと略）では、二〇〇三年からDV被害者のグループカウンセリング＝AG（Abused Women's Group）を実施している。

身体的暴力を受けていても、夫からの愛情表現だと考える女性は珍しくない。DV被害ではなく、不登校や引きこもりなどの子どもの問題行動や、夫婦関係がうまくいかないといった主訴で来談する女性も多い。センターで実施する教育プログラムのレクチャー受講や担当カウンセラーとのカウンセリングをとおして、夫の行為が暴力であったこと、自分がDV被害者であるという当事者性を獲得する女性は多い。

自らの被害者性を自覚し、DV被害者の当事者性を獲得することが、AG参加の前提になる。殴られれば、誰もがDV被害者と自覚するわけではない。ここまで繰返し述べてきたように、専門家もその行為を暴力ととらえなかった時代があったことに鑑（かんが）みれば、来談者（クライエント）も同様であり、そのためには心理教育的なアプローチが大きな意味を

持つ。

離婚がAGの目的ではない

平均参加者数は八名で、年齢は二〇代から八〇代までと幅広いが、四〇代～五〇代がもっとも多い。最大の特徴は、言語的・経済的などの非身体的なＤＶ被害者が約三分の二を占めていることだろう。身体的ＤＶによる外傷があれば、医師の診断書などのＤＶ被害の証明が可能であり、公的なＤＶ相談にもつながりやすい。有料であるセンターを訪れる彼女たちは、被害のわかりにくさゆえに公的相談を利用できないのかもしれない。夫との関係（生活形態）では、同居、別居（調停中、裁判中）、離婚の三種類だが、それぞれの形態に応じた問題が生じている。

ここで、離婚がグループの目的ではないことを強調したい。子どもの学校や高齢両親の介護との兼ね合い、さらには経済的不安などから、夫と同居を続行するほうがリスクは少ない、という判断も尊重しなければならない。公的機関主導のＤＶ被害者支援が、とにかく逃げて、別れることを目的としていること、時としてそれがマニュアル化した対応になっていることの問題点を考えて、センターでは参加者の状況に応じた柔軟な対応を心がけるようにしている。

ファシリテーターとして必要な態度

約一七年グループを実施してきたが、必要な態度は次のようにまとめられる。

（一）明快な口調と優先順位の確認

彼女たちは実に多くの困難と課題を乗り越えなければならない。逃げる、家を出る、調停を申し立てる、陳述書を書く、調停、裁判、さらに離婚成立後の様々な困難やＰＴＳＤなど。目前の課題に集中するように、先を見通さないよう、三ヶ月以内のことしか考えないように時間を限定しなければならない。遠い将来を見すえると、まったく希望がもてなくなり、うつ状態に陥りやすいので、目の前のタスクをひとつずつこなすようにする。また、あいまいな表現を避けるのは、彼女たちの不安を助長するからだ。

（二）命令にならないようにあくまで提案に徹する態度

依存の一極集中化を避けることが重要となる。長年の被害経験で心身ともに弱っている参加者にとって、全面的依存は魅力を持つがゆえに、明快でありながら極力、指示的で命令的発言は避けるべきである。ファシリテーターへの依存は、プロセスにおいては当たり前だが、それらはいずれ彼女たちの自己判断能力の回復と、自立的生活の確立によって不要になることを前提としなければならない。

㈢　希望を示す

人生でもっとも大きな選択をしたことを称賛し、もてる力を承認・拡大する。そして、予測可能な希望を提示し、勇気づける。離婚だけが解決ではないことを繰り返し説明し、参加者が再同居を選択すればそれを尊重する。

㈣　自責感の払拭

彼女たちは、夫を怒らせたことが自分の責任であるという「加害者意識」を抱いており、それは一般常識の被害者有責論（されたほうにも悪いところがある）と呼応する。グループの基本であるＤＶとは何か、被害とは何か、加害者に一〇〇％責任があるという原点を、毎回再確認し続ける必要がある。

DV加害者へのアプローチ

AGの実施に加え、二〇〇四年から実施しているDV加害者プログラムについても概説しよう。

DV加害者プログラムの原型は、フェミニストたちの後押しで、一九七〇年代末にアメリカで誕生した。そこでは、DVを疾病化・病理化する視点は、加害者を免責することにつながるために厳しくしりぞけられ、加害者は暴力を選択していること、だからこそ責任があるという「選択理論」を基本としていた。

一九八〇年代初頭よりエレン・ペンスらによるドゥルース家庭内暴力介入プロジェクト(Duluth Domestic Abuse Intervention Project)が開始され、現在多くの国で実施されているプログラムの原型となった。そこではフェミニズムの影響が大きく、暴力を犯罪として処罰する態度が貫かれている。

「治療」や「なおる」といった医療モデルを前提とした言葉は使用しないが、しかし、更生や処罰といった表現だけでは言い尽くせないものが加害者プログラムには必要となるだろう。

欧米のDV加害者プログラムでは、トリートメント（Treatment）という言葉が多用されているが、適切な訳語が見つかればこれを使用したいと思っている。

処罰的プログラムが果たして暴力防止に効果があるのかという疑問から、カナダやオーストラリアを中心として、脱ドゥルースモデルとして実施されているナラティヴセラピーの影響を受けたプログラムがある。A・ジェンキンスはその代表的存在であり、日本でも研修会が実施された。教え込むのではなく、彼らの責任意識を召喚（invite）することを基本とし、彼らの変化を妨げているのは何か、という点に着目したプログラムは独自のものがある。

DV防止法には「○○をした場合はDVとして罰する」という想定はない。つまりDV罪は存在しないため、被害者の告訴なしに加害者逮捕はできない。これを親告罪と呼ぶ。カナダ、アメリカ、韓国などではDVは非親告罪であり、裁判所命令によるDV加害者プログラム参加を強制できる。このようなプロセスが踏めないため、私たちが実施するプログラムは、任意＝自発的な参加者を対象とせざるを得ない。ジェンキンスの提唱するプログラムは、参加者の自発性を喚起する点において、日本の加害者プログラムが学ぶ点は大きい。

面前ＤＶという言葉がもたらした明と暗

二〇〇〇年に児童虐待防止法が制定されたが、二〇〇四年に新たに付け加えられた文言がある。子どもの面前でＤＶが起きた場合、それは心理的虐待になるというものだ。当時、私はこれを読み、ＤＶと虐待防止の分断がこれで解決できると期待したが、特に現場の対応に変化は起きなかった。

ところが、二〇一二年に逗子で、翌一三年には三鷹で凄惨なストーカー殺人事件が起き、警察庁がストーカー加害者対策を強化したことを契機に、女性と子どもへの安全対策も徹底されるようになった。そして、親告罪の範囲内ではあるが、警視庁管内ではＤＶ加害者の積極的逮捕が増加した。また、全国的にＤＶを目撃した子どもが「面前ＤＶ＝心理的虐待」被害を受けたとする判断から、警察から児童相談所へ通告されるようになった。その結果、虐待通報件数における心理的虐待の割合が増加の一途をたどり、二〇二〇年には約三分の二を心理的虐待が占め、警察による通報の割合も増加の一途をたどっている。

激増する通報で児童相談所はパンク状態に陥っており、面前ＤＶに特化した対応は不十分な状態のままだ。また、ＤＶで離婚調停を申し立てた女性が、紹介された弁護士に会った際、いきなり「あなたは子どもの加害者なのよ、面前DVという心理的虐待のことを知っているの？」と言われたという事態も生じている。

面前DVが登場する前は、DV被害者というポジションだけで対応が求められた被害女性に、新たに子どもにDVを見せた加害者というポジションが与えられたことになる。加害・被害パラダイムが家族関係のどの位相に適用されるかによって、いたずらにDV被害者を圧迫することになったのだ。もともと、世間はDVという言葉をそれほど歓迎はしていなかった。親密圏だけは好き放題できたはずだったと、多くの夫は思っていたからだ。

面前DVがもたらしたものの一つは、DVの加害・被害という明快な区分に「子どもの被害」という視点を持ち込んだこと。もう一つは、DV虐待対応における縦割行政を統合させる視点である。前者はイノセントなDV被害者像の転換であり、後者はDV虐待の包括的支援への推進力を意味する。

父のDV目撃が息子をDV加害者に陥らせる

DV加害者プログラム参加男性の八〇％以上が、父親のDVを目撃している。アメリカでは九〇年代から親のDV目撃と暴力行使のつながりに関する研究は多い。このことは大きな意味を持つだろう。児童虐待の世代間連鎖は、しばしば母親の被虐待歴が問題となるが、実は父のＤＶを目撃することが、男児が成長してからの暴力加害者、結婚後のＤＶ加害者化の最大のリスクであることは、あまり知られていない。

面前ＤＶという言葉の登場によって、父のＤＶが娘はもちろん、息子に深い影響を与えることが説明可能になった。ＤＶ被害者の立ち位置の足を掬う役割だけでなく、ＤＶ加害はパートナーのみならず、その場に居る子どもたちが未来に形成する家族にも影響を与える。それを明らかにする言葉として、面前ＤＶを理解する必要があるだろう。

第五章 「ＤＶ」という政治問題

研修会フェチ

どこの世界にも流行はある。この文章を書いているとき、世界はまるでＳＦ映画のようなパンデミック状態だった。新型コロナウイルスによる感染拡大に先進国が「戦争」という言葉を使用し、勝利しようと呼びかけた。日本が明治維新に際して西欧近代化のモデルとした英仏をはじめとする国々が、強烈な市民活動の制限・禁止策に踏み切った。そのことに戸惑いを覚えつつも、それほどの事態に直面しているのかという衝撃を受けたものだ。

各国は自国防衛に乗り出し、通常は隠されていた醜い差別観が一気に丸出しになった報道を見るたびに、非常時にどのように振舞えるかによって、その人の思想・信条が試されるのだと痛感する。いろいろな意見があるが、とにかく先の見えなさと死者数が毎日増加していく不安の増大は、地球規模の危機であることを実感させられた。

しかし、奇妙なことに、ＳＦ映画のごとく、異星人の攻撃に地球同盟軍が対抗するような事態は生まれない。果てしなく人々は細分化され、道ですれ違う人にさえ身を除けて感染を防ごうとする有様だ。時々刻々と状況が変化する中で、今後の動向は見過ごせないままだ。

さて、臨床心理学の世界にも流行はある。社会歴史的変化に伴って精神医学が誕生し、さらに第二次大戦後に臨床心理学が誕生して今に至る。

職業としては比較的新しい心理職だが、アイデンティティとするのに、これほど脆弱でいたずらにプライドだけが高い職業はないだろう。公認心理師という国家資格はできたものの、それに見合うだけの経済的基盤は保証されていない。もちろん、精神科医たちにも、自らのアイデンティティ・クライシスは存在するかもしれないが、それでも病院やクリニックに勤務して、三分診療をこなし、午前中だけで三〇人ほどの患者を診察し、それなりに薬を処方をすれば、一応の収入は得られるはずだ。心理職にはそのような保証はなく、医療保険の恩恵にあずかることはわずかである。

この差異がどれほど大きいか、おそらく多くの精神科医は自覚していないだろう。マイノリティとマジョリティのあいだにある権限や力の差の構図は、心理職と医師のあいだにも厳然と存在する。しかし、多くの精神科医たちが心理職と同様に、心理的援助の流行に敏感であることは特筆すべきだろう。中には研修会フェチともいうべき一群の人たちがいる。

新しもの好きというべきか、それとも不安に駆られていつも最先端を追いかけているのかはわからないが、高額の研修会が多くの専門家によって満員になる状況を目にするたびに、そう思う。

実際、何度も研修会を主催したことがあるが、ほぼ満員に近い状況を見て、「ここで学んだことが現場に生かされれば日本の臨床現場、援助の世界は大きく変わるだろう」と、期待に胸を膨らませたこともあった。しかし、それから一〇年以上経っても相変わらずの現状である。学んだことを実践に移す人が、ほとんどいないのだ。それは実行に移す壁の厚さを表しているのか、それとも、お金を払って研修会に「参加」することがもたらす満足感だけで事足りているのか。

このような経験を積み重ねるたびに、世の中には研修会を消費しているかのような、学んだという満足感だけを求める人たちが膨大に存在していることを知ったのだ。

臨床心理士の誕生

自らの学問に誇りを持っている人にとって、流行という言葉は耐えられないかもしれないが、年の功の特権をふりかざして七〇年代からを振り返ってみる。

私がアルコール依存症にかかわっていたことは、すべてにおいて傍流であることを意味した。精神医学でも、いまだにアディクションや依存症の問題はメインロードにはなっていないし、今後もなることはないだろう。一言でいえば、客観的エビデンスが明確でなければ、科学としての実証性を持たず、したがって医学会では傍流に位置するしかない。ひるがえって、臨床心理学ではどうだろう。

もともと、一九四五年の敗戦を契機として、アメリカの心理学者ロジャースを中心とした、来談者中心的なカウンセリングが導入された。医師ではない心理学者たちが、直接的にクライエント（相談を求めて訪れる人たち）を援助するという潮流は、一九五〇年代から始まったのだ。そこには戦後民主主義的な個人尊重の気運もあっただろう。

その一方で、医者であるなしを超えて、「思想」的な深みを持つ「病理」への注目も生まれた。当時、精神分裂病と言われ、差別と偏見に満ちた目で見られていた病者たちから、人間の真理や存在の本質に迫ろうというものであった。それを根拠づけたものが、フロイトに始まる精神分析への傾倒だ。

しかし、一九八〇年のＤＳＭⅢを境として、アメリカの精神医学会は大きくエビデンス中心主義、機能主義的診断の方向へと舵を切った。それに伴って起きたのが精神分析の退潮である。一言でこう言い切るのはあまりに単純化し過ぎだが、多くの精神分析ユーザーたちが抗うつ薬に代表される薬物療法へと流れていったのである。アメリカの動向は、日本の一〇年後を表しているといわれるが、まさにそのとおりにことが起きた。

日本の臨床心理学において、精神分析的心理療法は大きな地位を占めていた。東の小此木啓吾（フロイト心理学）と西の河合隼雄（ユング心理学）の二大巨頭が手を携えて、日本心理臨床学会ができたのだ。もともとあった日本臨床心理学会は、一九七〇年代初頭の学生運動に連動する「専門性を問う」という当事者からの批判を取り入れて自己批判を繰り返した結果、分裂した。ある人によれば、臨床心理学の冬の時代と表現されるが、約一〇年ののち、八二年に心理臨床の学問の基盤をつくり、科学化を求めるという目的で、上記のような協力関係によって日本心理臨床学会がつくられた。現在は会員数約三万人と、心理学関連の諸学会では最大規模を誇るまでになっている。

その後、こころの専門家としてのアイデンティティの基盤となる資格「臨床心理士」が一九八八年に誕生した。これを国家資格にするのが学会関係者の共通の望みだった。資格認定協会という民間団体による試験が実施され、民間資格としての臨床心理士は、現在に至るまでその活動範囲を広げ続けている。

臨床心理士資格取得のために指定大学院制度をつくり、その大学院に入れば実習の一部が免除されるというシステムが構築され、八〇年代末から、心理職に就いていた人たちが指定大学院の教員になった。その多くが精神分析を基礎としていたことは特筆すべきだろう。日本では、それ以外に臨床の基礎理論が少なかったことも影響した。

ちなみに私は、七〇年代初頭の大学院における指導教官が、精神分析とマルキシズムを超えるという壮大な理論を構想していた人だったので、フロイトを避けるように臨床の道に入った。これが、大きな意味を持っていたことが今となってははわかる。

ブームとなった家族療法の脱因果論

一方で、分析的な立場とは別個に、日本でも実施され続けてきたのが家族療法だ。これは一九五〇年代から欧米で盛んになったもので、日本でも、現在に至るまで一つの潮流であり続けている。

アディクション問題で独特な援助方法が展開されたきっかけは、アルゼンチン生まれの児童精神科医ミニューチンを代表とする、システム論的・構造派家族療法の影響が大きい。精神科医の斎藤学（さいとうさとる）は、アディクションの家族をシステム論的に把握することを八〇年代初めに提唱し、アルコール依存症の夫に対する妻の態度、さらに専門家の役割の方向性を明らかにした。

その特徴はいくつかあるが、一つは因果論から脱しようとしたことだ。家族の中で起きる出来事に原因結果はない、という認識をそのベースにしている。

因果論とは、いまだにというか、今だからこそ「原因は何か」「原因を除去すれば結果はよくなる」という、近代自然科学の基本として多くの人が囚（とら）われ続けている考え方だ。

雨漏りと屋根の穴は因果関係でとらえる必要がある。しかし、不登校と母親の言葉が因果関係でとらえられるべきなのだろうか。多くの場合、原因とされるのは「母親の育て方」である。決して父親のそれではない。七〇年代からおそるべき不変さで、母親の過保護が子どもをダメにする、母親のしつけがなっていない、母親の未成熟が子どもを苦しめるといった言説は信じられている。

私は、その点だけをずっと批判してきた気がする。子どもに問題が起きれば因果論で母親が責められる。その責めの過酷さが、子どもへのさらなる「よくなれ」「早くふつうになれ」という圧力となり、問題の悪化へと向かう。それを止めようとしてきたのだ。

それでは、家族療法の脱因果論は何を提示しているのか。それは循環論である。直線的因果から円環的循環論への転換である。家族で問題が起きているとき、そこにどのような悪循環が生じているのか、どこで循環を止めるのか。一番止めやすい部分を指摘し、それによって悪循環をブロックするのだ。

八〇年代の日本で爆発的な人気（もちろん精神・心理療法家のあいだではあるが）を博したのは、このような斬新（ざんしん）な発想の転換があったからだ。

きわめて実践的なこの考え方と方法は、たとえば、息子から親への暴力で困っている家族に対して、「なぜ息子が暴力をふるうのか」ではなく「母や父がどのような言動をすれば暴力をふるわないでいるか」を問う。息子がダイニングで母親に文句を言い、答え方が気に入らないと大声になる。そのとき、突然母親はお鍋の底をスプーンでカンカンと叩くようにする。驚いた息子は暴力に至ることはないだろう。

一見唐突な行動処方によって、息子が暴力を二週間くらいふるわないでいれば、それは正しい処方なのである。

このような家族療法・システム理論は、アディクションの世界にも大きな影響を与えた。もともと問題行動を呈している（と周囲の家族に思われている）本人は、その自覚がない。アルコール問題を例にとれば、よくわかる。本人はとてもいいお酒の飲み方をしていると思っていても、記憶が薄れているだけで、周囲の家族はかなり前から困り果てていることが珍しくない。稼ぎ手の男性であれば「自分が稼いだ金でお酒を飲んで何が悪い」という定番の反論を繰り返し、苦しむ家族、飲み続ける本人という家族内「利益相反」ともいえる状態を呈するのだ。

問題の本人が「援助」「治療」のモチベーションをまったく持たないことから、病者を対象として成立している医療は無力だった。いち早くそんな難題に取り組んだのが、依存症（アディクション）の援助者だったことはうなずける。医療は「本人を連れていらっしゃい」というだけで、本人は「俺は病気じゃない、アル中じゃない」と暴れまわって拒否する。こんな谷間にあって苦しみ続ける家族こそ、最初に援助の対象とするべきなのだと気づいていたのである。

そこに、理論的根拠を与えたのがシステム論的家族療法だった。

夫婦というサブシステムに注目し、夫の飲酒を変えるには、システムのもう一方の妻の対応が変わればいい、それによって夫の飲酒を維持していたシステムが変化し、飲酒をやめざるを得なくなる。このような明快な理論的解明に、多くのアディクション関係者が飛びついたのもわかる。私もその一人だったからだ。

こうして、後年にはアディクションアプローチと命名した独特の援助論が生み出されていった。本人の内面を因果論的にとらえるのではなく、今現在生じている問題、およびそれを基礎づけて支えるシステムに注目すること。これによって、本人か家族か、といった因果論的対立は消滅し、ともにシステムを構成する要素としてとらえ直される。

むしろ、援助希求の強い家族こそ、プライマリー援助の対象、ファーストクライエントとして注目すべきだと考えられるに至った。

私の援助経験のうち、八五年からの約一〇年間はシステム論的アプローチに明け暮れたといってもいい。

一九九五年は分岐点だった

精神分析的心理療法が中心だった日本の心理臨床学会が大きく変動するきっかけは、一九九五年のスクールカウンセラー（SC）制度の導入だった。文科省（当時は文部省）が、一九九四年の愛知県でのいじめ自殺事件を契機に、学校における心理専門職導入に踏み切ったのである。

七〇年代に、すでにアメリカで実施されていたSCをお手本に作られたのだが、現在に至るまで全校設置とはいえず、残念ながら、一部の私立学校を除いては週一回勤務が多いのが現状である。しかし、閉じられた学校という制度にSCが導入された意味は大きい。いわば唯一の外部が、たった一名・週一回の勤務であったとしても、そこに存在する意味は大きかった。

時給も高額であった。当時、学会や臨床心理士会の中心を担っていた大学の教員（臨床心理学専攻）が出かけていくという、高度な専門性に鑑みて決定された金額だった。

しかし、SCがもたらした激震は、そこに中心があるわけではなかった。当時の臨床心理学の大学院教師の多くは、精神分析的心理療法を標榜（ひょうぼう）していた。それが当たり前だったといっていい。その人たちが、勢い込んで学校という現場に乗り込んだのだ。

そこでいったい何ができたのだろう。心理療法や子どもに対する面接がどれほど効果をあげただろうか。学校側にとっても、医者でもない人たちが「学校という世界の片隅」に入ってきたことに戸惑ったのではないか。

その後、日本臨床心理士会という職能団体では、これらの経験から、ＳＣの役割の一つは学校という組織にあって様々な職種のコーディネートをすることだ、といった発言が相次ぐようになる。

結果的には、きわめて現実的な対応が求められることで、これまでの精神分析的なアプローチに加えて、別のアプローチの必要性が共有されることになった。

現在では、ＳＣの多くが直面するのは、不登校やその背後にあるゲーム依存の問題、そして飲酒問題、親からの虐待、親のＤＶ目撃などだ。また、大きな災害や事件の後に子どもの心のケアをする役割も担っている。

この一〇年間で、臨床心理士のアディクションへの関心は大きく高まった。日本臨床心理士会の理事として、アディクション対策の委員長をずっと務めているが、全国研修会の参加希望者は増加の一途をたどっている。

ＳＣ制度のスタートに加えて、一九九五年にはいくつかの大きな出来事が起きている。①阪神・淡路大震災によってトラウマという言葉がメディアに登場した。また、三月の地下鉄サリン事件も加わり、「被害者」という言葉が広く共有されるようになる。その流れは、翌年のアダルト・チルドレン（ＡＣ）ブームにもつながった。

②九月に北京女性会議が開催され、ＤＶ（ドメスティック・バイオレンス）という言葉が日本で初めて使用される。ここから「加害・被害」といったパラダイムで家族をとらえることがスタートした。

このように、一九九五年がその後の臨床心理学における転換点となったのである。ＤＶという言葉が日本で広がったことで、アルコール依存症者の妻たちが経験したものは、病気の症状だけではなく、「暴力」であったことが明確になった。

これは本当に大きな変化だった。一気に思い浮かんだのが、酒をやめた夫に妻たちが異様なほどに気を遣い、かえって緊張が高まっていたこと、そして、酒をやめてもいっこうに妻を殴るのをやめない夫たちの姿だった。そうか、そうだったのか、あれは暴力と呼ばなければならないのだ、と深く納得したのである。

それまでにも様々な機会に接触したり書物にあたったりしていたフェミニズムに積極的

にかかわるようになったのも、ＤＶという言葉がきっかけだった。

臨床心理学は暴力を扱ってはこなかった。暴力を引き起こす背景、暴力的になる人へのアプローチは皆無ではなかったが、昨日・今日の暴力、今目の前に座っている人が家に帰れば父親から殴られる、どうすればいいといった問題にはかかわってこなかったのだ。幸いにというか不幸にも、カウンセリングで夫から暴力を受けたり、夫が酒を飲んで家中を破壊すると訴える女性たちにかかわってきた。その切迫感が、カウンセリングの基本となってきたのである。

また、ＤＶの登場によって、「加害者」「被害者」という、それまで心理職がほとんど使用しなかった言葉が一気にテリトリーの中に入ってきた。目の前に登場する人たちに対処するには、警察や裁判所でしか用いられることになかった「加害」「被害」というフォレンジックな司法的パラダイムが不可欠だったのである。

第六章　家族の構造改革

二人の男女

三八歳の男性は二カ月ぶりにカウンセリングにやってきた。毎月来談していた彼が一カ月間隔を空けたことをわずかに心配していた私だったが、部屋に入った彼を見て驚いた。これまで目にしたことのないデニム地の上着を羽織り、一度も見せたことのない晴れやかな表情をしていたからだ。

「何かいいことでもあったのでしょうか？」

私も思わず明るい口調になって、椅子に座るやいなや質問した。

「父が亡くなったんです」

「……ああ、そうだったんですか」

一瞬の沈黙ののちに、私はそう応えた。表情はできるだけ変化させないように努めながらである。

このような場面は珍しいことではない。ある五〇代の女性は一年ぶりにカウンセリングに訪れたのだが、部屋に入って椅子に座るなり、発した第一声がそれだった。

「先生、やっと母が死にました」

朗らかな、まるで長年背負った重荷から解放されたかのような清々しい声だった。みごとに和服を着こなした彼女は、見違えるほど若返っており、長年の吃音がすっかり修正されていた。

長年の母との確執、それでいて、彼女が母の保護者でいなければならない状況を誰よりも知っていた私は、こっそり小さい声で言った。

「よかったですね……」

カウンセラーは身の丈を伸ばすことが求められる

およそ一般常識からかけ離れたこのような言葉も、カウンセリングでは許される。そして、私たちカウンセラーがもっとも大切にしなければならないことは、最初に理論ありきではないということだ。もちろん、専門家として多くの書を読み、学説に精通することは、プロの一般常識として必要であることはいうまでもない。しかし、目の前に座って苦しんでいる人が語ることを、とにかく聞くこと、そして聞いた内容を私なりに文脈化していくことが何より優先される。

文脈化とは、あたかも作家が物語を創作することに似ている。語られたプロットのリアリティを損なわず、どのように断片をつなげていくか、つなげるにあたって何を接着剤として用い、類似の先行する物語をどのように検索するか……。そして何より、物語は必ず範型を必要とするものである。ゼロから立ち上がる物語などない。文法しかり、語法しかり、そして起承転結といった形式も一種の範型（フォーマット）である。

カウンセラーの実力をどのように測るかという論議はあまり気乗りがしないが、あえて述べれば、この範型が豊かであるかどうかにかかっているのではないか。

ある文章にこんな一節があった。うろ覚えだが、「人の話は、結局、聞く側の身の丈以上の聞き方はできない」といった内容だったと思う。範型の豊かさとは、要するに身の丈がどの程度の高さであるかということだ。

身の丈＝身長は成長期ならまだしも、成人してからは縮みこそすれ伸びることはない。それは、厳然とした客観的事実である。しかし、私たちカウンセラーの身の丈は、どんどん伸ばすことができる。正確に言えば、クライエントの語る内容によって伸びることが要請される。おそらくクライエントは、カウンセラーのその点を鋭く査定しているのかもしれない。この人は、私の語る内容をどの程度まで許容し、どの程度までくぐりぬけてくれるのだろうか、と。

たとえば、ある女性クライエントが「夫婦関係がうまくいかないのは、私が虐待されてきたせいではないでしょうか」と語るとき、どのように受け止めるだろう。もしも、あるカウンセラーが「虐待は世代連鎖するもの、虐待された人は自己肯定感が乏しいので、当然夫婦の関係においても自己主張より相手の期待に沿おうとして無理が生じる」といった、すでに定型化された常識的で陳腐な虐待理論を範型としていれば、そのクライエントの自己肯定感の低さに焦点化しようとするだろう。

ところが、世代連鎖という一種の運命論的言説のまやかしを知っていれば、その範型を超えていれば、親からの虐待と夫婦の関係を直接的に結びつけることに無理があるのではないだろうか、という見方を提出できるはずだ。それによって、これまで誰にも話したことのないことを、クライエントは語ることができるかもしれない。「私、実はレズビアンなんです」という発言のように。

クライエントの発言によって、このようにカウンセラーは身の丈を伸ばすことが求められる。カウンセラーが内心驚いているのに、なんとか動揺を隠そうとしていることなど、すぐに見抜かれてしまうものだ。身の丈を伸ばすことを求める時点で、すでにクライエントは可能性の有無を査定しているのかもしれない。なぜなら、カウンセリング料金を払ってまで、これまでの人生を賭けた援助を求めているのだから。

査定に賭けるものの大きさを考えれば、その厳しさは当然であり、私というカウンセラーがクライエントから合格点を与えられるとすれば、何よりうれしいことに違いない。正直に言えば、偉い先生や同業者からの評価はもちろん気になるけれど、クライエントからの評価ほどではない。

ドミナント（支配的）な家族像

様々な範型が世の中には流通しているが、家族にまつわるものほど強固で無謬（むびゅう）と思われているものはない。それは、ドミナントストーリー（支配的物語）と呼んでもいいほどである。テレビのチャンネルを回せば、どの局でもそれらであふれかえっている。親を責めるなんてとんでもないことであり、家族には乾杯をしなければならず、夫婦はいろいろあったけれど最後は仲良くなるに決まっている、のだ。親は子どもをかわいがるに決まっているし、虐待をする親は異常な人間に違いないのだ。

一世を風靡（ふうび）した時代劇俳優が亡くなった際に、娘が葬儀を欠席したことについて、「どうして許せないのか」「最後くらいは看とってやるべき」「どれほど娘に会いたかったか」といった批判がワイドショーでは相次いだ。

多くのクライエントは、そのニュースを異口同音にこう評した。

「娘さんはよく葬儀を欠席したと思います。よほどのことをされたんでしょう。だって、葬儀に出られるものなら出たほうがいいに決まってますもん。きっと、父の行為を許したら自分がだめになると思ったんでしょう。それほどひどいことをされてたんだと思いますよ」

虐待やＤＶ（ドメスティック・バイオレンス）がしばしばマスコミで話題になり、多くの殺人事件が家族間で起きているにもかかわらず、ドミナントな家族の物語はいっそう強固になり、補強されつつあるようにみえる。

だからこそ、私たちカウンセラーは、何より家族にまつわる範型を豊かにしなければならない。身の丈を、見上げられるほどにまで伸ばさなければならない。

カウンセリングは生命維持機能を果たす

冒頭に挙げた二例は、その点でもっとも適切な試練を与えてくれるだろう。親を批判する、親についてどうしても許せない経験を語るだけではない。親の死という厳然たる事実をどのように受け止めるか、という問いかけだからだ。

カウンセリングの基準の一つが、生命維持である。一般的には、こころの問題を扱うと考えられているカウンセリングだが、そうではない。少なくとも、私たちのカウンセリングは違う。絶えず生命の危機と対峙しなければならない。暴力をふるう息子からどのように母を守るか、今日にでも処方薬を大量服薬するかもしれない娘の命を守るために母に薬の管理を徹底させる、マンションから飛び降りるかもしれない娘のために母親はどのような言葉掛けをすればいいかを提案する、といったようにである。

クライエントも、その家族も、とにかく生きることを最大公約数とする。これがカウンセリングの原点であるし、そのために精神科医への紹介も積極的に行うのだ。

では、親の死を晴れやかに喜ばしいこととして語るクライエントにはどのようにかかわるのだろう。すでにおわかりのように、私はこう言うのだ。

「よかったですね」

おそらく、私がそう言ってくれると信じているからこそ、二人はカウンセリングにやってきたのだ。

私の言葉にこっくりとうなずいた彼女は、「先生だけには、早くお知らせしたかったんです」とほほ笑んで、「だって、こんなこと、誰にも言えないですよね？　母が亡くなってほっとしただなんて」と語った。

アジールとしてのカウンセリング

親の死を喜ぶ子どもなど、一歩カウンセリングの場を離れれば、非難の対象になるに決まっている。まして、親族は許すはずもないだろう。たとえ内心でその死を喜んでいたとしても、葬儀の場面では形式的にその死を悼むに違いない。儀式とは、参列者の内面の自由を保障する形式に満ちており、彼女もおそらく母の葬儀では涙を流したに違いない。彼女にとって、カウンセリングは一種のアジールであった。ある人は「解放区」と呼ぶ。世間のドミナントな家族言説から解放される場、それがカウンセリングの役割なのだ。私が最初からそう決めていたわけではない。クライエントたちの要求によって、次第にアジール化してきたといったほうがいいだろう。範型を豊かにすることは、クライエントの要求によって起きるのだ。

なぜ、アジールが必要なのか。「私は親からまったく愛されませんでした。だから親のことは嫌いです」「母親の存在が不気味で恐怖すら抱いてしまいます」「いっそ早く死んでほしい」という、衷心から発する言葉が無批判に聞かれる場所がなければ、彼女や彼らは孤立無援の状況におかれてしまうからだ。自分が感じていることが「正しくない」「ヘンだ」「異常だ」と批判されて責められること、自分が感じ、考えていることが誰からも承認されないこと、このような状況で人は生きていくことはできない。たとえ生命は維持できたとしても、精神的生命は絶たれてしまうのだ。

ドミナントな家族言説は、外部から強制されるだけではない。あらゆる媒体をとおして空気のように入り込むことで、いつのまにか、クライエントも深くそれを内面化してしまっている。むしろ、内面化したドミナントな言説からの脱出のために、アジールが必要だといってもいいだろう。自分自身の中で起きるドミナントな言説との闘いや葛藤、闘うことへの深い自責感や罪悪感は、脱出を試みた人たちが避けられない苦しみでもある。

クライエントは、内なるドミナントな言説に呑み込まれてしまいそうにもなるだろう。それは、一つの死にも等しい。精神的崩壊を意味するだろうし、時には自殺という帰結もありうるかもしれない。おまけに、闘おうとすれば、同時に湧いてくる罪悪感とも闘わなくてはならない。どちらを向いても孤立無援な闘いしか見えないとき、たった一つのアジールが不可欠なのだ。

クライエントは、生きるために、命を賭けてアジールとしてのカウンセリングを求めているのだ。そうしなければ生きていけないからである。とすれば、カウンセラーの役割は明瞭である。目の前のクライエントが生きていくことを支援するのだ。そのために、彼女が親の死を喜んでいるのであれば、ともに喜ぶ。ためらいもなく、そうするのである。

そして、手を合わせて祈った

私がそうすることによって、クライエントが親の死に微妙な距離感を獲得し始めるのも不思議なことだ。本章の冒頭に登場した男性は、その三週間後に私へ手紙をくれた。一部を抜粋してみよう。

読み終わった私は、不思議な感慨に襲われた。父を許すわけでもなく、父の死を悼むわけでもない。しかしそこには、たしかに父への祈りが満ちているのだった。

「中略……父の住んでいるマンションをヘルパーさんが訪問してくださったときは、まだ手を振っていたというんです。ところが、その翌日は、前日より気温が一気に一〇℃も下がりました。どこかで、その変化が気にはなっていました。

……中略……第一発見者が家族でない場合、不審死になってしまいます。だから、市役所の職員に言われるままに、僕はがんばってマンションの扉を開けて、父の姿を見ました。

全裸でした。やせ衰え、脱水症状がみてとれる体でした。顔は、カーテンの向こうにおおわれていて、見えませんでした。

僕の視野には、父の死体しか入っていませんでした。そのまわりの光景は捨象されたかのように暗闇に沈み、奇妙にそれだけがくっきりと浮かび上がっていたのです。

自宅に帰った僕は、おそらく最後まで父の葬儀に出ようとしないだろう母に向かって『父さんの部屋、意外ときれいに片付いていたよ』と報告しました。

しかし、その後部屋の片付けに訪れた僕は驚きました。足の踏み場もないほど、乱雑に物が散らかっていたからです。遺品を整理しながら、心底奇妙な経験に思えました。あの瞬間の僕の視野からは、父の死体以外のものはすべて消え去ってしまっていたのでした。

僕は、霊安室からいったん黙って立ち去ろうとしました。幼少期から、僕と母への、さらには兄への怪物めいた数々の行為を思えば、遺体を見るだけでも、見てやっただけでもどれほどのことだろうか、と思っていたのですから。

しかし、階段を五段降りたところで僕は立ち止まり、再び戻って扉を開けました。そして父の遺体の枕もとにおかれた線香立てに、マッチで火を点けた線香を三本だけ立てました。

その煙を吸い込みながら、思わずクリスチャンの僕は、手のひらを合わせて『どうか天国に行かせてあげてください』とお祈りをしました。

それは、あの父のためだったのでしょうか。

ゆきずりの人であっても、見知らぬ人であったとしても、死にゆく人であれば僕は等しくそう祈るだろう、そんな祈りの言葉だったように思えるのです。」

彼は、父とは財産目当てだけで離婚しなかった母と相談もせず、父の遺骨を引き取り、散骨することに決めた。相談しても母は「知らない」と言って、二男である自分にすべて押し付けることがわかっていたからだ。

長男である兄は、父の遺体が安置されている霊安室を訪れることすらしなかったので、彼は一人で骨を撒（ま）きに湘南（しょうなん）の海に行った。

業者の指示どおり、沖までクルーザーに乗って、そこで父の骨を撒いた。そして、最後に小さな白いランのブーケを海上に献花し、祈った。

残りの骨は、彼が自分の部屋の北側にある本棚を一段空けて、そこに安置したという。

このエピソードは、ひとりの男性が父の死に際してどのように対処したかが一篇の文学のように結晶化している気がする。

不毛な原因論より変化の可能性をみる

カウンセラーとなって四〇年以上経ったが、七〇年代から繰り返し聞かされてきた家族の嘆きは、「あの子がこうなったのは何が原因なんでしょう」という言葉に尽きる。たしかに、突然嵐に襲われたように発生する数々の問題行動を見ていると、いったいなぜ？という問いが親をとらえて離さないことは理解できる。

たとえば、娘の泣き叫ぶという行動が「親に自分のことを訴えている」という意味であれば、娘の言うことをとことん聞いてやればいいのだ。意味がわかることで、ふるまい方もわかってくる。

ところが、突然の自殺企図、親への攻撃はまったく意味がわからない。そのために親は「なぜ？」と問い、そこから原因追究という不毛なスパイラルに入り、犯人探しをすることで、さらに家族関係が悪化することになるのだ。

むしろ、私はこう考えている。原因としての親ではなく、子どもの問題行動をなんとか修正していくのにもっとも大きな力を発揮できる存在が家族（親）なのだ、と。なんとか変わろうと努力するのも親である。だから、本人を無理やり病院に入れるのではなく、親を対象としたカウンセリングに力を集中していくほうが結果的には着実な変化を生み、近道になるのだ、と。

「いったい、こうなったのはなぜだろう?」という問いは、本人も親も、何百回と心の中で繰り返す。それだけで一日が過ぎることもあるだろう。そうせざるを得ないことは、よくわかる。しかし、それは答えのない問いなのだ。

問題が解決してから、症状が消失して平穏な日常生活が戻ってから、つらかったころをしみじみと振り返ってみる。そのとき、「ああ、理由は……だったのだろうか」と思えるのかもしれない。つまり、「原因」といわれるものは、事後的にその出来事が希望どおりに変化した時点からふり返って構築するものなのだ。

引きこもり本人よりも両親のチームワークを形成させる

八〇五〇問題として、このところ話題になることの多い引きこもりを例にとろう。長年引きこもっている人たちはネット上であれ、家族であれ、あらゆるコミュニケーションから自らを閉じて撤退している。

家族の多くは「なんとか引き出そう」「なんとか動かそう」とするが、それらの企てやかかわりはことごとく失敗する。この点は不登校とよく似ている。親が登校させようとすればするほど学校に行けなくなる、というプロセスと相似形なのだ。

カウンセリングにやってくる親は、万策尽き果てている。精神科医や著名な宗教家などを歴訪した末に訪れてくるのだ。私たちは、まず焦点を、引きこもりを変化させることから両親のチームワークの形成へとシフトする。なぜなら、長年の彼らの引きこもりによって両親の夫婦関係は破綻（はたん）しているからだ。

子どもに問題が起きたとき、両親がそろってお互いを支えあい、問題に直面していこうという姿勢を示す例は少ない。そのような夫婦関係であれば、問題は発生しなかったのかもしれない。ただ、そう言い切ることは単純な因果関係に帰着させる危険性があるので、断言は避けなければならないが、破綻した夫婦関係があまりに多いのだ。

父は母の子育て姿勢を責め、母はそんな父を恨む。経済的支柱であることが子どもへの無関心の免罪符になっている父親は実に多い。そして、夫に非難された母親は自分の力で子どもをなんとかしようと頑張り続け、引きこもっている彼らと母親との奇妙な密着が生まれる。引きこもっている人が母を攻撃することが多いのは、距離の近さの裏返しである。

バラバラになり、お互いを不信の目で見つめる両親が、それぞれ別のエネルギーで、引きこもっている息子（娘）を引き出そうとするのだ。当事者にしてみれば、こんな恐ろしい、こんな悲劇的なことはない。

したがって、家族の対応は、まず両親がチームを組むところから始まる。実は、これが一番の難題なのだ。引きこもり本人への対応のほうがたやすいことすらある。夫の無関心によってあきらめきっている妻は、そんな夫と協力などできないと思う。しかし、「子どものために」という水戸黄門（みとこうもん）の印籠（いんろう）のような言葉を最終兵器にすれば、不可能ではない。その前提として、方針を提示する私たちカウンセラーへの信頼が不可欠であることはいうまでもない。

一〇〇％は無理だとしても、四八％くらいの協力なら可能かもしれないというのが、私の正直な臨床実感である。こうしてぎくしゃくして転びそうな二人三脚が始まる。

家族の構造改革

私たちが試みようとしているのは、家族の関係を土台からつくりかえることだ。「息子の引きこもり」が表現しているのは、これまでの家族関係の限界、いわば臨界点である。一つの問題が生じたことによって、その家族は大きな構造改革を迫られているのだ。少なくとも、私たちはそのような認識に基づいてカウンセリングを行っている。

これがベストであるという保証はない。それ以外にも、様々な理論や考え方があることは十分承知している。たとえば、三歳児神話に基づいた、幼児期に愛着関係が形成されていないことが基本にあるのだから、とにかく「受け入れましょう」という説。本人は病態水準が悪いから、なんとしてでも専門医に受診させなければなりません、といって強制的に病院に連れていく方法。数年前、引きこもりの男性を拉致して監禁し、薬を飲ませていた施設が摘発されたが、どれほど多くの親が引きこもりの息子に頭を悩ませていたかが世間に認知されるきっかけになった。

私たちは、そのどれとも異なる立場をとっている。基本は当事者を無理やり動かそうとしない点にある。かといって「受け入れる」という、何の具体性もなく親の勝手な思い込みでいかようにも解釈される主観にも立脚しない。愛情で包むという、これまたどのようにも利用される危険な言葉は、そのリスクゆえに用いない。

構造改革とは、コミュニケーションを通じて家族の関係を変化させることを意味する。家族の関係とは、父と母の夫婦関係、父子、母子の親子関係から成る。この「関係」はしばしば愛情やはぐくみ、思いやり、やさしさ、温かさとともに語られてきたが、私たちはそれらを一切消去する。代わって登場させるのが、支配、力、被害、加害、戦略、駆け引き、作戦、といった言葉である。

いわば、心理学から政治学へのパラダイム転換である。家族はこのようにして政治的（ポリティカル）に解釈されることで、変革の可能性、起動点が見えてくると思う。

変革の第一歩はあいさつ

まず行うことは、あいさつの励行である。お茶を入れてくれたら、夫が妻に「ありがとう」という。朝起きたら「おはよう」という。外出先から帰ったら「ただいま」という。これを不自然でない大声で言うのだ。

そして、妻は「私は～」という発言を心がける。あなたは、あの人は、あの子は、という他者を主語にするのではなく、この私はどうなのかを絶えず表明する。家族とは、主語が不要な空間である。主語が要らないことの楽さ、親しさはあるだろう。

私がなくなることは自我の溶融・消滅という快楽も意味するので、それがぴったりと組み合わされればこれほどすばらしいことはない。だが、お互いに相手を主語にすることは、私の滅却から出発し、さらに、それを強制されれば滅私という服従にもなるだろう。このような、どちらにもつながるリスクは回避しなければならない。

家族は異年齢、異なるジェンダーの成員が共存することで成立する。夫の「私」だけが突出すれば、妻の「私」はいつも踏みつけられる。滅私の母を見ながら、子どもの「私」は果たしてどのように成長すればいいのだろうか。長じて子どもに問題が発生したことで、「私」をめぐって、その家族はもう一度構造改革されること、組み立てなおすことが要請されているのだ。つまり、夫も、妻も、「私＝Ｉ」という原点から出発するのだ。二つの私は、私であることにおいて平等であることはいうまでもない。

家族は「以心伝心」ではなく「同床異夢」の関係に満ちている

「私」を主語にした会話を始めると、不思議なことにすべて丁寧語になっていく。

「今日は一日どうでしたか？　私はこれからお風呂に入りますが、あなたはどうされますか？」

まるで、ホテルの従業員のような言葉づかいになるのだ。「私」から出発すると、あなたという別の「私」が成立することになる。

そこに生まれるのは、私とは別のあなたであり、そのあいだに横たわる境界である。距離をとるとは、このような他者との境界をつくることなのだ。自我境界とは心理学ではよく用いられる言葉だが、実際にどのようにすればいいのかは書いていない。これまで述べてきたような、「私」を主語に語ることによって、いわば他人行儀な言い方によって、境界はつくられるのだ。

あいさつも距離と境界形成に役立つ。ご近所の人にあいさつするのは、距離を策定するためである。「ありがとう」を言わない家族も多いが、それは距離のない親密な家族か、それとも距離もなくからまりあった暴力を胚胎（はいたい）した家族か、のいずれかだ。

私たちは、家族に対して徹底的に、まず「私」を主語にした会話をすすめる。関係の変革は、すべて会話から始まるといっても過言ではないからだ。

心を込めるのではなく、「あなたのことを大切に思っている」と言葉で伝えること、愛情でいっぱいにするのではなく、「あなたの言葉でお母さん、ほんとにうれしかったわ」と伝えるのだ。家族は「いわずもがな」「以心伝心」ではない。多くは同床異夢、すれ違い、立体交差の関係に満ちている。だから「心ではなく型から入る」を強調したい。

第二部　家族のレジスタンス

第一章　被害者の不幸の比較をどう防ぐか

第二の戦後

二〇一一年三月一一日に起きたことを決して忘れることはないだろう。それから後、熊本地震や西日本豪雨といった数々の災害に襲われたが、東京に住んでいる私には、三・一一は何より大きな出来事だった。東日本大震災をめぐる膨大な論考や著作が世に問われ、中でも原子力発電所の事故と放射能は、「状況は、統御されています」と言い放った安倍首相の言葉とは裏腹に、現在もさまざまな問題が残されたままだ。

一九四五年八月一五日の敗戦ですべてが終わったわけではないように、あれから約一〇年になろうとする今も、被災地はもとより、私たちにとっても被害は継続していると思う。東日本大震災は第二の敗戦・第二の戦後をもたらしたという言葉にも、うなずけるものを感じてしまう。

あの日からしばらくのあいだ、首都圏での会話の枕言葉は「あのときどうしてました？」であった。午後二時四六分に何をしていたか、その後どうやって帰宅したかという体験談は、首都圏に住む人は誰でも自分語りができるだろう。津波被害こそなかったものの、震度五強の揺れと交通機関の麻痺による大混乱や物の買い占めなどが起こり、首都圏は半被災地と化していた。節電という名の灯火管制めいた事態が続いたため、ターミナル駅は薄暗く、飲食店も営業時間を切り上げて店じまいした。繁華街も活気はなく、息をひそめているかのようだった。知人の外国人は、ほぼ全員が緊急帰国してしまった。

職場のフランス国籍のスタッフは、直後に「放射能汚染のおそれがあるためにフランスに帰国しなさい」と大使館から連絡を受けた。彼女は「私、そんなこと平気！」といい、日本に残り続けた。新大久保の韓国料理店も半数くらいは店を閉めており、景気づけにカムジャタンを食べたかった私は、開いている店を探すのに苦労したものだ。

三月下旬から、名古屋、京都、博多をそれぞれ仕事で訪れる機会があったが、震災に対する温度差に衝撃を受けた。名古屋駅は煌々と明るく、街にはトヨタ車が元気よく走っていた。博多のタクシー運転手は、東日本大震災のことをまるで遠い異国で起きたことのように語った。博多の人々も元気で明るかった。東京一極集中への日頃のうっぷんが逆転したようだと感じたのは、私の被害者意識のなせる業だったのだろうか。

日本中が震災被害に打ちひしがれているかのように錯覚していたのは、東京に住んでいる私の驕りだったのかもしれない。タクシーに乗っても屋台で飲んでも、博多では九州新幹線と祭りの話だけがメインテーマだった。

PTSDの登場

さて、被害について語るとなると、まずPTSDの説明から始めなければならない。すでに多くの専門書に書かれている内容を、簡単に述べたい。

一九九五年一月一七日に起きた阪神・淡路大震災を契機に、直後から「こころのケア」が叫ばれるようになり、精神医学・臨床心理学に大きな影響を与えた。災害は物理的損害のみならず、人々の精神にも多大な影響を与えることがマスメディアをとおして共有されていった。「心の傷」というポップな和訳は、どこか、うつ病が「心の風邪」と表現されたことと相通じるものがあるが、わが国でトラウマという言葉が一気に日常用語と化したのも九五年からである。

トラウマという言葉は鉄道災害に端を発している。それまでにはなかった大量死が生まれてから注目されるようになったのだ。基礎的内容だけ述べると、ＰＴＳＤとは、①再体験（侵入的想起）、②麻痺・回避、③過覚醒(かかくせい)の三つを指標とし、構造化された面接によって診断される疾患単位のことだ。精神科医による診断のためには、この三つの症状を満たさなければならない。

ＰＴＳＤという診断名が登場したのは、一九八〇年のアメリカ精神医学会によるＤＳＭⅢ（精神障害の診断と統計の手引き第三版）においてである。それは、七五年に終わったベトナム戦争からの帰還兵への戦後補償の一環として作られた側面がある。国家によって戦争による心理的外傷が認定され、多くの帰還兵専門の病院がつくられた。

それと並行して起こったのが、当時勃興(ぼっこう)していた第二波フェミニズムと連動した、家族における暴力被害者にもＰＴＳＤを認定させようとする動きだった。アメリカの精神科医ジュディス・Ｌ・ハーマンらは、多くの女性や子どもたちが、家族という私的空間の中で暴力被害を受けていることを告発した（ジュディス・Ｌ・ハーマン『心的外傷と回復　増補版』みすず書房、一九九九年に詳しい）。このようにＰＴＳＤは、出発点から政治的な色彩を帯びることとなった。国家と家族という、二極における暴力被害の認定の切り札としての診断名となったのだ。

　日本でも、九五年の阪神・淡路大震災の翌年、アダルト・チルドレン（ＡＣ）ブームが起きた。ＡＣは親からの被害を自覚した人のことであり、家族における暴力被害の表面化に先鞭（せんべん）をつけたのだ。アメリカの一五年後、災害と家族の二極における被害を認定する言葉としてＰＴＳＤ、トラウマという言葉が日本でも一気に広がったのである。

カウンセリングの現場でみた震災の影響

　カウンセリングセンターは、三・一一の翌日も休まなかった。私も含めたスタッフ一同は、混乱と不安の中でカウンセリング業務を実施しなければならなかった。予約しているクライエントのために、勝手に休むことは許されないからだ。

　カウンセラー個人の動揺や不安は、できるだけクライエントには伝えないようにしなければならなかった。カウンセリングでは、エレベーターを降りて入るエントランス、受付、料金支払い、部屋、カウンセラーといった構成要素の安定性によってクライエントは安心する。いつものように目の前にカウンセラーが存在することで、クライエントは自身の変化に意識を集約することができ、カウンセリングの効果を上げることにつながる。だから、カウンセラーはプロとして最低限の義務である心身の健康を厳しく自己管理しなければならない。

精神科受診の際に、患者である自分が毎回医師の愚痴を聞いてあげたという体験談を聞くことも多いが、それは論外であろう。そんな私たちだが、震災後はそれほど楽な日々ではなかった。そんな中で気づいたことがいくつかある。

三・一一～五月中旬

震災から約二ヶ月のあいだ、クライエントには様々な反応が見られた。大別すれば、①震災前より元気になった人、②調子を崩し悪化する人、③変化がみられなかった人の三つになる。

一、元気になった人

これはかなり多い。一般の人には理解できないだろうが事実である。いくつかの例を挙げてみる。

●引きこもり系の人たち

彼ら彼女たちは顔色もつやつやし、熱弁をふるい、カウンセリングにも予約時間より早くやってきて、私たちを驚かせた。

ツイッター上で、いつも暗い言葉をツイートしていたのに、震災後は突如、「落ち着こうよ！」「今はあまりテレビなんか見ないほうがいい！」などと別人のように変貌（へんぼう）し、伝道師のようにエネルギッシュな発言を繰り返した。自分が他者の役に立ち、助けることのできるポジションに就き、自己効力感を獲得したかのように思われた。

●妄想的・被害的な人たち

精神科医の紹介によって来談し、服薬しながらカウンセリングを続けていた人たちは、それまでになく落ち着いた様子を見せた。ある男性は、カウンセラーである私がどことなく落ち着かないことを鋭く察知し、「だいじょうぶですよ」「保険に入ってますか？」「情報を教えましょうか？」などと、これまでからは想像できないほど地に足がついた現実的対応を示すのだった。どちらがカウンセラーなのかわからないほど、そのころの彼ら彼女たちは「頼り」になった。その一部は、当時盛んに発信された陰謀説を固く信奉していた。

震災以前は、「こんな自分は社会復帰できないのではないか」、「精神科デイケアにも不適応となった自分は、もう薬を飲みながら、親に依存して実家の片隅で小さくなって暮らしていくしかないのか」と訴えていたのに、連日の原発をめぐる報道を、「海底での巨大爆発による津波であることを言わないのはメディアが間違っている」と主張するのだった。

世界が茫漠(ぼうばく)として統合されない印象を与えていたのに、ターゲットが具体化することで、平静を取り戻し、私たちをむしろ保護し、支援する立ち位置に回った。

これらは、精神的疾病・症状は、個人の精神内界だけに閉じているのではなく、生きている世界との相互性、カウンセラーとの関係によって大きく変動するという好例だろう。平時には、彼らの精神世界は不安と恐怖に満ちているが、外界がそれを超えて混乱と恐怖に満ちれば、相対的に彼らの精神内界のほうが安定していることになり、おまけに混乱や不安への耐性は私たちよりはるかに豊かであるぶんだけ、落ち着きを見せ、私たちとの役割の逆転が起きるのである。

●依存症（アディクション）の人たち

多くのアルコール依存症者は、断酒後三ヶ月ほど経つと、うつ状態に陥ることがある。酒をやめられた当初は「ピンクの雲」と呼ばれるような、「断酒していてオレすごい！」的万能感に満ちている。だから元気で、「死ぬまで断酒できる」、「簡単に酒なんかやめられる」と豪語する。ところが、三ヶ月を過ぎたころから、「ひょっとして、オレって単に人生から酒を奪われただけじゃないの？　ふつうの人たちは酒も飲んで仕事もしてるのに、いったい酒やめて何の意味があるの？」と考えるようになり、どんどん落ち込み、うつ状態に陥りがちになる。

自宅で引きこもりがちで、落ち込んでいた依存症のある男性は、震災が起きてからガラッと変わった。「しばらくボランティアに行ってきま〜す」と明るい声で電話があり、その後一ヶ月半、岩手県から戻らなかった。母親からの情報によれば、震災の翌日に車で出かけたのだという。「あんな生き生きとした顔の息子は久しぶりでした、なんだか喜んでいるみたいでした」という。

カウンセリングだけでなく、精神科デイケアでも、このような現象は数多く見られたという。薬物やギャンブルも含めて、依存症の男性の多くは大きな災害や変動が起きると、打って変わって元気になる人が多い。

アルコールや薬という物質を使用して、時にはギャンブルという行為のプロセスによって、自分の精神状態をコントロールしようと試み、その結果どうしようもなくなったのが依存症者たちである。一杯やることで元気になる、ギャンブルしているときだけ自分のみじめさを忘れ、これまでの人生をすべて挽回(ばんかい)できるかも、という法外な希望に浸ることができたのだ。

三月一一日のあの出来事は、一種の限界状況をもたらした。それに直面することで放出される脳内物質によって、彼らは一時的にハイになったのである。わざわざ崖(がけ)っぷちを覗(のぞ)きにいくような行動は、エンドルフィン（ランナーズハイをはじめとする多幸感をもたらす）放出の快を得るためである。

震災の報道によって、酒や薬やギャンブルを用いなくても得られる快感を確信し、彼らは、突き動かされるように被災地へ向かったのである。

●性被害者

レイプによる性被害を受けた女性たちの中にも、元気になった人は多かった。彼女たちは、「あの被災地の状況に比べたら、私の受けたことなんて何でもない、贅沢だって思ったんです」と言った。過呼吸発作が怖くて電車に乗れない、車でも遠出できなかった人が、バスを何台も乗り継いで、茨城県の海岸にある知人宅まで行き、津波被害からの復興を手伝ったのである。「申し訳ない」「こんなことで家にじっとしていてはダメなんじゃないか」、そう思って突き動かされるように出かけたのだ。

このような心的機制、「私の不幸なんてあの人たちに比べればたいしたことはない」を下方比較という。のちに詳しく述べる。

●母に暴力をふるった娘

母親に暴力をふるうため、親と別居をし、アパートに一人暮らしをしていた二五歳の女性は、震災後に実家へパジャマ姿で駆けつけた。もちろんそれは避難だったが、母の顔を見た娘は、開口一番「大丈夫？」と言った。娘の目は、思春期のころの、まだ仲の良かった当時のそれだった。

娘はとるものもとりあえず、パジャマのままでコートを羽織り、母親といっしょに新幹線に乗った。行けるだけ西に行こう、そう二人で誓って、西日本の某市まで逃げ、ホテルの一室でともに一ヶ月暮らした。五年ぶりのことだった。

さらっと読めば、あたかも母子の絆が震災の不安で復活したかに思えるが、果たしてそうだろうか。これまでの例のように、外界のカタストロフィが母への両義的感情を統合させたのかもしれない。果てしない怒りと憎しみ、なんで自分を産んだのか、どうしてこんなになるまで自分に気づいてくれなかったのか、という思いと、こんな自分を救えるのはあなただけだという、深くて巨大な母への思いと依存心。それらはどうしようもなく引き裂かれていたのに、あの震災によって奇跡的に一つにまとまったのだ。

娘は揺れた恐怖よりも、母の死に怯え、それだけは回避したいがためにパジャマのままで実家に戻った。母は逆に、娘が自分を頼ってきたことに震えるような満足感を覚え、一蓮托生であるかのように、手に手を取って西へと下った。

そして、社会が沈静化し、安定を取り戻したかに見えるのと反比例して、娘は再び不安定となり、母への暴力で警察沙汰となったという。その後、娘が生きていてくれることだけを願う。

二、調子を崩し悪化する人

強迫神経症、不安神経症的だった人は、震災後に大きく状態が悪化した。津波報道のようなメディアストレスによって、さらには原子力発電所の事故報道によって、その人たちはネットでの情報探索行動に終始した。メルトダウンを予測していたのもこの人たちである。

強迫行動というのは、苦しくてやめたくても止まらない行為であり、まさにネットでの情報検索・収集が止まらなくなったのだ。「PCを見るといつも検索してしまう」と泣きそうに訴える人や、九州まで逃げたけれど経済的に続かないため、東京に戻ってきた人もいた。放射能計測器を何台も購入し、食べ物や水、空気まですべてに安心感が抱けず、食欲減退・不眠が続き、体重が一ヶ月で五キロ減少する人も珍しくなかった。その人たちの一部は人工地震説を信じ、ノアの方舟（はこぶね）的な終末論的な世界に籠（こも）ってしまった。カウンセリングにも来なくなってしまった人たちは、その後どうなったのだろう。

性被害・DV被害・虐待被害でカウンセリングに来ていた人たちも、多くが調子を崩した。阪神・淡路大震災のときにも広く起きた現象だが、テレビで被災地の中継を見ると、過去の被害体験のフラッシュバックが起きるのだ。神戸（こうべ）の高速道路がぐにゃりと曲がった光景を見ていたとき、夫が突然、広島での原爆の記憶を語り出して驚いた妻の話を聞いたことがある。結婚後は一言も被ばく体験を語ったことのない夫が、語り出したら一時間も止まらなかったという。津波の被害を受けた、シュールでこの世ならぬ光景をテレビ画面で見たＤＶ被害者は、夫のもとから逃げて一年半以上経っているのに、明け方まで居間の床に正座させられて夫から言葉で責められ続けた声が一気によみがえったという。

私はそれらを「芋づる式フラッシュバック」「地曳網体験」などと勝手に命名しているが、トラウマティックな出来事が引き金になって、ずるずると過去のトラウマが引きずり出されるのである。このような回路に入ってしまうと、現実の震災の被害と過去の複数の被害が重複して彼女たちを圧倒する。多くはうつ状態で動けなくなり、収まっていた悪夢が再発したり、身体症状（ぜんそく、アトピー、頭痛など）も悪化したりする。

三、変化がみられなかった人

震災後も、まるでそれがなかったかのように、以前の延長線上に生活する人もいた。多くはＤＶを受け続けている人、摂食障害の娘や引きこもりの息子から暴力暴言を受け続けている人だ。その多くは女性で、家族を背負い、そこから逃れることなど考えることもできない人たちである。

彼女たちにとって、あの震災はたしかに悲惨ではあったが、今ある家族の問題を好転させてくれる出来事ではなかったのだ。息子や娘がふつうに戻ってくれること、夫がやさしく暴力をふるわないようになってくれることだけを願っている女性たちにとって、そのことに有効かどうかだけが意味を持つのだ。

裏返せば、それほど彼女たちの生活は切迫していた。あの震災の衝撃に匹敵するほどの恐怖や不安を抱えて日常生活を送っていることが、その変わらなさによって浮かび上がったのである。地面が揺れること、原子力発電所が爆発するかもしれないという恐怖より、目の前の夫への恐怖のほうが大きかったのだ。

震災の翌日、奇跡的に運行されていた私鉄に乗って来談したのは、夫のアルコール問題で苦しんでいた七〇歳の女性だった。彼女も夫も、ほとんどテレビを見なかった。夫は少量ずつだが、二四時間ずっと酒を飲み続けており、しょっちゅう失禁を繰り返していた。夫は父親から引き継いだ会社を経営していて、経済的にも豊かだった。そのことも、アルコール問題が表面化することを妨げてきた。カウンセリングにやってきたのは、失禁に悩んでのことだった。医師に相談もできず、世間体から保健所で相談することはためらわれた。

トイレへ間に合わずに家じゅうで失禁を繰り返すため、彼女は夫を見張っていなければならなかった。だから、あのすごい揺れを経験しても、夫の排泄物の処理のほうが大きな問題に思え、カウンセリングにやってきて、初めて東北地方の被害の実態と福島の原発のことを知ったのである。

六月以降

ゴールデンウィークが過ぎるまでは、特に震災について語ることもなく、一、二の人たちに比べれば影響は少なかったと考えていた人たちが、五月後半から六月にかけて様々な変化を見せ始めた。多くは「今だから話しますが……」と前置きをしてから、どれほど震災以降が大変だったかと語り始めるのだ。

「別に隠していたわけではないけれど言葉にならなかった」、「わけがわからなかったので表現しようもなかったけれど、振り返ってみればあれも震災が起きたことの影響だったのかもしれない」。これらの言葉は、ある一定の時間が経たないと言語化できない体験であったことを表している。精神科医の宮地尚子が『環状島＝トラウマの地政学』（みすず書房、二〇〇七年）で述べているように、被害者は語りえないことのほうが多いのだ。

直後は茫然としながらも、とにかく日常生活のリズムだけは守ろうとしたり、いつもどおりに通勤していつもの新聞を読んでいたが、字はまったく目に入らなかったりといったことが広範に起きていたのだと気づかされた。エビデンスがあるわけではないが、三か月という時間の堆積には、なんらかの意味があるように思われる。

多くのアルコール依存症者は三か月ごとにスリップを繰り返し、カウンセリングも三か月ほど通ってくると、一定程度の目途がつくのだ。これは習慣形成に要する時間なのか、それとも身体反応の閾値にかかわる時間なのか、私にはまだよく掴みきれていない。しかし震災後三ヶ月前後から、首都圏在住のクライエントの中に、上記のような変化が起き始めたことだけはたしかである。

カウンセリングセンターには、被災県からも多くのクライエントが訪れている。幸いにも震災の犠牲になった人はいなかったが、五月の終わりごろには、道路や新幹線が少しずつ開通するにつれて、クライエントも戻ってきた。東京にカウンセリングへ来ることが可能な経済力と強い動機を持った人たちである。その人たちは、マスメディアや支援者から聞くことができない体験をリアルに語ってくれた。また、同業者からも情報が入り始めた。

震災直後はライフラインの確保と生活の安定に翻弄されていた人たちが、六月に入ってカウンセリングを求めるようになりつつある、ということだった。

このように、震災後三か月が経過して、初めて被災・被害が言語化され、表出されるようになる。つまり、遡及的に体験を構造化、対象化し、物語化する作業が進み始めたといえよう。

意味づけがトラウマを発症させる契機となる

しかし、言語化が進み始めるということは、新たな困難の出現を意味する。トラウマ反応・ＰＴＳＤは誰にでも出現するわけではない。同じように、父からの性虐待を経験しても、重く深い障害を呈する女性もいれば、「過去のことは水に流した」とばかりに、一見すると強く生きる女性もいる。重要なことは、その出来事・体験の意味をどうとらえるかにかかっている。意味づけこそが、トラウマを発症させる契機となるのだ。

三ヶ月という時間を経ることで、いったいあの震災は何をもたらしたのか、何を喪失させたのかといった、リフレクティヴな作業に伴って、意味づけへの欲望が生まれる。精神科医の岡野憲一郎は「災害とＰＴＳＤ：津波ごっこは癒しになるか？」（『現代思想九月臨時増刊号 imago』青土社、二〇一一年）で、それがPTSDの発症を促すと述べている。経験したことを語ったり再現することで衝撃は緩やかなものになる、というのは誤解だとした。子どもたちは、それによってフラッシュバックに苦しむ可能性もあるからだ。また、PTSDと名づけてケアされなければ、時には自殺のような別の表現型である行動が表れる可能性を示唆している。

二〇一一年の八月に入り、カウンセリング機関や公的相談機関では、悪夢を見る、フラッシュバックが起きるといった相談が増えた。三か月から半年を経て、物理的経済的被害から心的被害の発現へと、影響が少しずつシフトしたといえるのではないか。DV被害者も、PTSDの症状が明確に認められるのは、彼女たちが夫のもとを離れて実家に戻ったり、別居生活を始めてからが多い。物理的・空間的に安全が保障された後で症状が表れるため、PTSDの機序に知識がない人から「甘えてる」などの心無い言葉を掛けられ、二次被害を受けることもある。

下方比較（Downward Comparison）

最初に述べた「元気になった人」のうち、性被害者に見られたタイプを、アメリカの心理学者トーマス・A・ウィルズは下方比較と呼んでいる（Downward Comparison Principles in Social Psychology, Psychological Bulletin vol.90 No.2, 1981,245-271 参照）。上方比較は、自分より優れた人と自分を比較することであり、日常的に馴染(なじ)みのある行為である。しかし、下方比較は人が自尊感情を著しく損壊されたときに起きるとされる。なぜなら、人は自分より不幸な人と比較することによって、自分の主観的な幸福さ（well-being）を高めることができるからだ。日本では、さらに一歩進めてもっと不幸な人に比べたら自分の不幸はなんでもない、だからがまんすべき、と考えられる。

震災後、クライエントたちを苦しめたもう一つの問題が、この下方比較であった。わかりやすくするために「不幸の比較」と呼んでいるが、被災地の状況が明らかになるにつれて、広範に起きたのが下方比較だった。この作業を個人単位で行うことに何ら問題はないと思えるが、実際には「自粛」とつながり、他者に強制する力と化していった。約一〇年経った現在、コロナ禍における「自粛警察」はまさにこの力を表している。

一例を挙げよう。あるクライエントがネット上に、被災地で同じように神経症で苦しんでいる人たちの苦しみを分かち合いたいと書き込みをしたところ、これがプチ炎上してしまった。被災地の人は神経症以前に家族を津波で失い、明日の食事や〝排泄〟のことで困っているはずだ、それなのにこんな書き込みをするなんて思い上がるな、といったメッセージが山のように送られてきたため、彼女は恐怖を感じてPCに触れることすらできなくなってしまったのだ。

彼女への匿名の批判・非難は、下方比較を利用した他者バッシングである。さらに手が込んでいるのは、被災者の気持ちを勝手に代弁していることだ。「あの人たちは苦しんでいる、だからあなたはそんな些細なことは我慢すべきだ」という、お馴染みの「世間」という名の圧力、その変形バージョンである。

当時、菅直人首相が避難所を訪問した際の映像をテレビニュースで見たが、一人の被災者が首相に「あんたもここに住んでみろ」と言い放った。一瞬、いやなものを見たと思った。彼女に対するバッシングと共通するものを感じたのだ。

さらに思い返せば、第二次大戦中、お国のために戦っている兵隊さんのことを思ったら贅沢はしません、と耐えて頑張った日本国民の姿とどこか重ならないだろうか。自らの不幸をさらなる不幸と比較して、とりあえず一時の平安を得ること。これは、下方の人たちのためにといいながら、実は自らの安寧のために差別化する作業に他ならない。それどころか、安寧が失われたのちに、不幸に耐える自分を納得させるため、我慢せず気ままにしている他者を激しく憎悪し、引きずりおろすのだ。

耐えて我慢する苦痛の価値をふりかざして他者を責める。この価値は、後述する「被害者」であることから生じるイノセンスを源泉とする。

あっけらかんと不幸感や苦痛、恐怖を認めよう

下方比較によって生まれるものはたしかにある。事例の女性のように、それをばねに日常生活に帰還することもあろう。被災地のことを思って、苦しい現実を耐えた人もいるだろう。日本の常識は、下方比較をむしろ称揚することのほうが多い。

しかし、もともと自分の存在基盤が危うくなったときに下方比較は生じるので、それによって得られる満足感は脆弱で長続きしない。それを補償するものが、妙な平等倫理である。自分がこんなに我慢しているのに、なぜあの人だけが許されるのかという不平等感が他者を引きずりおろし、バッシングに向かわせる。「自粛」という名の強制は、まさに相互監視社会のミニチュアを見る思いだ。

下方比較、不幸の比較は避けよう。こう自分に言い聞かせて、あの独特の空気感の中を過ごした記憶が、コロナ禍にあって再びよみがえる。今ある苦痛や不幸を被災者と比較し

て否定することは、被災者のことを思っているように見えて、実は差別であることを強調したい。おまけに、自らの不幸（という主観）を否認し、抑圧しているのだ。抑圧はさらなる下方比較を生み出し、その連鎖は続いていくだろう。

堂々と、あっけらかんと不幸感や苦痛、恐怖を認めること。今自分に感じられている主観・感覚を、誰とも比較できない固有のものとして承認すること。それが、下方比較およびそこから発生する差別、他者への強制や歪んだ平等倫理への制御となるのではないだろうか。この国に変わらず満ちている内向きの圧力の一端は、少し和らいだりしないだろうか。

被害者としての当事者性と被害者権力の発露

不幸の比較は、被害者間でしばしば頻繁に発生する。カウンセリングに訪れた当初は、DVの被害の程度を比較して「私みたいな人間が被害者と言っていいのでしょうか」と言う女性がほとんどである。

被害者と認めることは、この上なくみじめでありながら、一方で法外な解放感をもたらす。震災の責任は被災者にはない。津波ですべて破壊されたことに誰も責任はない。自分たちは悪くないのだ。こうイノセンスを叫ぶことのできる公明正大な感覚と、いっぽうでそれに伴う途方もない虚しさの両方が被害者という言葉には含まれている。その虚しさや喪失感ゆえに、イノセンスは、被害者の途方もない承認欲求と化すだろう。それが満たされるはずもないことは被害者にも了解されているがゆえに、さらに承認・救済願望は果てしなく巨大化していく。

それを吸収するものは宗教的救済か、それとも地道な政治的政策的アプローチなのだろうか。そのどれにも壁を感じ、行き場を失った承認欲求は、イノセンスを武器として攻撃や支配を行使するようになる。すべての責任を免れた被害者だからこそ行使できる力は、被害者であることを誇示し、責任のすべてを相手に負わせてバッシングをすることだ。いわば、すべてを失った人たちの一発逆転であり、これを「被害者権力」の発露と呼びたい。

先述した菅元首相への発言を嫌悪とともに聞いたのは、私はそこに被害者権力を看取したからだ。

カウンセリングに訪れている人たちが、どのような変化を呈したかを述べたが、それは表面的には復興し、何事もなかったかのようにオリンピック開催を決めたこの国の深部で、静かに進行している変化の一端を表すだろう。

「何も変わらなかった、今までどおりの生活が続く」という変化の否認は、逆説的に日本の家族で起きていた変化に、いっそう拍車をかけることになるだろう。

災害の被害と家族内暴力（ＤＶや虐待）の被害、性暴力被害、そして戦争の被害とが大きな連なりのように思える。末端の私的で秘された被害にかかわってきた経験は、連なりの先にある巨大な被害にも生かせるのかもしれない。

ＤＶ被害者における下方比較、不幸の比較をどのように防ぐか。被害者としての当事者性を獲得することと、被害者の権力化とを分かつものは何か。この問いは、私をとらえて離さない。それはおそらく、支援者を支援することとは何かへの答えとつながっているだろう。

第二章　加害者と被害者が出会う意味

謎めく映画

映画『息子のまなざし』（ベルギー・フランス映画、脚本・監督：ジャン・ピエール&リュック・ダルデンヌ、二〇〇二年）を紹介したい。

映画が始まると同時に、カメラは主演俳優の動きに同調して激しく上下する。この感覚は『A』『A2』（いずれも森達也（もりたつや）監督）を見たときと同じだ、と思った。

じっと画面を見ていると、まるで映画館が揺れているかのように頭がぐるぐるしてくる。船酔いにも似た状態の中、だんだん吐き気が強くなる。どうしよう、目を閉じようかと迷っているうちにふっとそれがおさまる、不思議な感覚だ。

少々髪が薄くなったベルギーの俳優オリヴィエ・グルメ演じる主人公オリヴィエ（俳優と同じ名前だ）は大工である。カメラは、冒頭から執拗に彼の細かい動作をなんの説明もなく、ただただ追い続ける。観客は、わずかな吐き気をがまんしていっしょにオリヴィエという対象に徐々に接近し、彼の顔、眼、視線までをも生々しい客体として見つめるようになる。

ところが、ある時点からカメラの角度が大きく変わる。オリヴィエが指導している社会復帰の訓練所に入所した少年を見た瞬間からである。一転してオリヴィエの視線とカメラは協働しはじめ、対象・客体として少年を見つめるようになるのだ。

後半部分に至ると視点は再び大きく転換する。カメラは大きくパンし、主人公と少年をほぼ等距離、等間隔でとらえ、二人の関係の動きを描き始める。

オリヴィエは少年院を出所したばかりのその少年を盗み見、つけまわし、果ては少年の住んでいるアパートに忍び込み、少年のベッドに横たわり天井を見つめてみたりする。背景を知らされない観客はほぼ間違いなく、オリヴィエがストーキングをしていると考えるだろう。

中盤で明らかになるのは、彼の息子が殺害されていること、その後に妻と別れていること、そしてその少年が実は息子を殺害した本人であったこと、である。

別れた妻がやってきて、オリヴィエがこともあろうに息子を殺害した加害者の少年の訓練にあたっていること、大工指導のために二人で同じ車に乗っていることを激しく責める。「あなたはいったい何を考えているの」と泣き叫ぶ彼女をなだめるオリヴィエの表情は、絶妙な演技によって画面にクローズアップされる。

ケアはやさしさや慰撫ではない

オリヴィエが被害者の立場であることはいうまでもない。最愛の息子を殺害されてしまった衝撃を今もかかえ、おそらくは、それを一つの契機として夫婦は別れることになったのだから。

さて、被害者である彼が求めているものはなんだろう。彼の求めるものは「こころのケア」なのだろうか。とすれば、いったいこころのケアとは何を指すのだろうか。

ジュディス・L・ハーマンは三段階に分けて心的外傷からの回復をとらえている（前掲書『心的外傷と回復』参照）。

第一段階→安全の確立
第二段階→想起と服喪追悼
第三段階→通常生活との再結合

この三段階は、今では被害者支援にあたる援助者に広く共有されており、なかば常識と化している。

ここでは第二段階に注目してみよう。想起とは文字通り想い出す、想い起こすことを指す。外傷的記憶について詳細に述べることは避ける。それについてはすでに多くの専門書が世に出されている。

想起はそれほどたやすいことではない。なぜなら、想起とはそれを語ることと同義であり、語るためには文脈化し、時間の流れに沿って経験を再構成することが求められるからだ。多くの自助グループで体験談が語られるのは、想起された記憶を物語として再構成する試みと考えることもできる。この点は『ナラティヴの臨床社会学』（野口裕二著、勁草書房、二〇〇五年）を参照していただきたい。

経験を語ることを少しずつ進めていくと、必ず突き当たる問いがある。『心的外傷と回復』からその部分を引用してみよう。

　残虐行為の生存者は、年齢と文化とがどうであろうと皆、証言をしているうちに、すべての質問が一つの問いに集約される時点に至るものである。それは怒りよりもむしろ戸惑いしつつ発せられる「どうしてまた？」である。その答えは人間の悟性の限界を越えている。

　この底知れない深い問いを乗り越えると、生存者はもう一つ別の問い、やはり答えのない問いに直面する。それが「どうしてこの私に？」である。（二七八頁より）

　ここでいう悟性とは、出生時より、この世を適応的に生きながら身に付けた「合理的行為者」（中山康雄『共同性の現代哲学　心から社会へ』勁草書房、二〇〇四年）としての信念体系を裏打ちするものとしてとらえることができる。合理的行為者の条件はいくつかあるが、たとえば、「信念内の矛盾を避けようとする」「他者がなぜそのように行動するのか説明し、予測する」といったものだ。

被害者（その家族もここに包括しよう）は、理不尽な事件・出来事によって世界に対する信念、秩序への信頼を公然と打ち砕かれた人たちである。

「『どうしてまた』『ほかでもないこの私に』このような信じがたい出来事が起きてしまったのか？」

あらゆる被害者たちが繰り返し自分に問いかけ、神や仏に向かって問いかけるのは、このようなフレーズである。自分たちのこうむった苦痛がまったく無意味であり、風に舞う木の葉が地面に落ちて朽ち果てるのと同じであることに、人は耐えられない。

第二段階の想起のもたらす困難さとは、自らの受けた被害・苦しみに「意味」を与える信念体系を再建しなければならないことからもたらされる。

ケアという言葉から連想される、やさしさや慰撫（いぶ）のイメージからは程遠い遠大でエネルギーを要する作業こそが、実は被害者支援の中心的対象となるのである。

被害経験の意味付与

オリヴィエにとって息子が殺された事実は「どうしてまた、ほかでもないこの私の息子が殺されなければならなかったのか」という問いとともに意識される。それは時間が経つにつれ、益々その重みを増していく問いでもある。

では、どうすればその事実に意味が与えられるのであろうか。

「いつまでも過去の経験にこだわっていないで、前向きの姿勢で、プラス思考で、未来を見つめて生きる」

このような、あまりにベタでありふれたアドバイスは、ほとんど効果をもたない。なぜなら、その作業が可能であれば、被害経験はとっくの昔に過去のものと化している。被害者の内的作業、こころの中での整理だけで収拾がついてしまうものではない。

一方、刑罰とは、法によって加害者が裁かれることで、自分と同じ苦しみを加害者も受けた、それも国家が自分に代わって裁いてくれた、という信念体系の再構築をもたらすだろう。そして加害者が処罰されることとは、正義は被害者にあり、加害者にはないという意味を付与する。なにしろ、国家による意味付与なのだから、被害者にとっては大きい。

しかしながら、個人の作業だけでは、国家による刑罰だけでは、被害者には不十分だと感じられるだろう。

意味を与えることとは、「どうしてまた、ほかでもない私（私の家族）に」への回答が与えられることである。それでは、回答を与えるのは誰だろうか。ほかでもない、加害者自身によってである。

加害者像の構築こそが、被害経験に意味を付与する

「私は〜の理由によって加害行為をしました」と加害者が述べる言葉が、「どうしてまた」という問いへの回答なのである。これを説明責任（アカウンタビリティ）と呼ぶ。「〜だから〜さんに対して加害行為をしました」と述べることが、「ほかでもない私に」という問いへの説明であり回答なのである。

しかしながら、現行の法制度では加害者が被害者からの問いかけに直接応答することは不可能である。最大限できることは、裁判の傍聴席に座り、加害者を見つめ、その言葉から回答の一端を引き出そうとすることぐらいだろう。

時に、被告である加害者の言葉の中に、回答どころか被害者や家族に対する非礼や神経を逆撫でするような内容が含まれた場合には、いっそう加害者への怒り・憎悪が掻き立てられることになる。裁判では珍しくない光景だ。その際の被害者の言動は「単に加害者への復讐に燃えているだけ」「報復したいだけだろう」などといった、こころない浅薄な理解による揶揄を浴びたりする。

加害者と接近できる唯一の機会に、ずっと問いかけ続けてきたことへの回答を、すべてとはいわずとも、わずかな糸口だけでも引き出せないだろうかと、被害者は必死の思いで傍聴席に座っているのだ。まさに、被害者の人生を賭けているといってもいい。被害者になることから無縁の人生を送ってきた幸運な人たちは、この気魄、この重さをわずかでも想像し、類推することができないのだろうか。

私たちは、誰もが被害者になるかもしれない状況を生きているのだ。

「こころのケア」ブームの背後

近年では、大きな災害や事件が起きると、ただちに「こころのケア」を行うようになっている。子どもの事件は特に、学校のスクールカウンセラーなどが子どもたちのこころのケアに携わることがニュースで報じられる。被害児のみならず、いかにして残された子どもたちの「心の傷」を癒すか、ケアするか、という課題に制度的に取り組むようになったのは、九〇年代のことを思えば夢のようである。

二〇〇四年に起きた長崎県佐世保市小学六年生女児殺人事件の被害児の父親は、当時毎日新聞記者だった御手洗恭二氏である。彼は自分の状況や境地を、折に触れてマスメディアに冷静な筆致で発表し続け、私たちに多くの示唆を与えてくれた。そのことに感謝したいと思う。

二〇〇五年六月一日の毎日新聞WEB版から御手洗さんの手記（五月三一日付け）の一部を引用してみる（WEB記事の公開は終了している）。

「……私は昨年九月、最終審判の後に『事件をじぶんなりに見つめなおして見たい』と言いました。そのため事件の様々な資料を読み、専門家の意見を仰ぎ、彼女の『なぜ』を探す作業を続けました。非常につらいものでした（中略）、私は作業のある時期から『なぜ』探しをやめようと思っていました。多くの資料に描かれた彼女の姿は、審判の決定要旨にある『自らの手で被害者の命を奪ったことの重大性やその家族の悲しみを実感することができないでいる』という表現が誇張ではないことを示していました。

私は事件当時のことは彼女自身もわからないのでは、と言う感覚を覚えました。それは底の見えない井戸をのぞき込むような空恐ろしさでした。その時点で私にとって『なぜ』探しの意味はなくなりました。（以下略）」

この残酷な現実に言葉を失うが、私は加害女児へ「こころのケア」に匹敵する、なんらかのアプローチがされるべきだったと思っている。加害者が加害行為をどのように自覚するか、どのように言語化できるかが、被害者およびその家族にとっては精神的死活問題なのである。

「なぜ」を解きたい衝動

オリヴィエと少年との関係が明かされる前、ストーカーめいたオリヴィエの奇矯な行動の理由は、ここまでたどり着くことで明快になる。

なぜ尾行をしたのか、なぜロッカーをこっそり開けたのか……。オリヴィエは自分の息子を殺した少年の内面を、のどから手が出るほどに知りたかったのだ。だからこそ、少年の粗末なアパートに鍵を開けて不法侵入し、少年がいつも眠るベッドに横たわり、少年が眠りに就く前に必ず見上げるだろう天井を同じ姿勢で見つめてみたのである。

おそらく、彼の心の中で息子を殺した加害者への復讐心も湧き上がってきただろう。少年の手を取り、木材の採寸を指導しながら、殺してしまおうかという衝動が起きることもあったに違いない。しかし、目の前で不器用に木材の数を数え、釘を打つ少年のあごの幼い線、全身から発散される警戒と不信、そして孤独のにおいを受け止めたオリヴィエは、少しずつ少年と奇妙な連帯感を抱いていくかのように描かれる。

復讐心と怒りと、目の前にいるか細く不安に満ちた少年への思いとが、激しく交錯する。あまりに激しい情動を表現するために、ダルデンヌ監督は主演のオリヴィエ・グルメに対して、どんな指示を出したのだろう。

冒頭から結末まで、ほとんどグルメの表情は変わらない。めがねの奥に淡々とした視線をしまいこみ、喜怒哀楽をどこかに忘れてきたかのような表情は、背後で揺れ動く、相反する衝動の激しさを逆説的に強調している。この手で、この眼で、この顔をさらしながら、少年は自分の息子を殺した。そのときどんな気持ちだったのか、どんなことを考えていたのか。殺風景なアパートの一室でベッドに横たわりながら、自分が殺した少年（オリヴィエの息子と知るはずもない）のことを、どのような反省と悔恨で想起しているのだろうか。

突き上げるような「なぜ」を解きたい衝動が、オリヴィエを駆り立てる。

被害者が加害者に接触することには意味がある

オリヴィエは、稀な偶然によって、加害者である少年とかくも親密な接触ができる機会を手に入れることができた。しかし、そのことが彼に何をもたらしたのかは描かれていない。映画の結末は観客に問いを投げかけ、その後の展開をどう想像するかをゆだねて終わる。ダルデンヌ監督らしい結末である。テーマの大きさと抑制のきいた展開が評価され、数々の賞を与えられている。

「修復的司法を描いた映画」という触れ込みで紹介されたが、この映画はもっと巨大なテーマに取り組んだのではないか。

少年のベッドに横になったオリヴィエの姿は、残されたものは被害の意味を獲得せずには生きていけないのだ、ということを切々と訴えてくる。どんなかすかな痕跡でもいい、加害者像を構築するための手がかりを得るためには、不法侵入すら犯してしまうのだと。

被害者のこなごなになった世界への信念体系は、グロテスクで哀れな行動をとることによってしか再び積み上げられることはないのだ。

オリヴィエも御手洗さんも、加害者を責めて復讐をしても殺された子どもは帰ってこないという、当たり前の事実を痛いほど何度も何度も反芻することによって、初めて「なぜ」という意味の構築へとたどり着いたのではないだろうか。

オリヴィエと比べて、御手洗さんは一切の加害者との接触を法的に禁じられた。日本の法制度はそのようになっているからだ。資料を読むことでしか、加害者との接点を得ることはできない。このような制度は、被害者にとってあまりに残酷だと言わざるを得ない。群盲像を撫でるのたとえのように、間接的情報によってしか加害少女を知ることができないとき、御手洗さんは彼女の入所している更正施設に飛んでいって、少女と直接会いたいと何度思われたことだろうか。オリヴィエのように、彼女が何を思い、どんなベッドで寝ているのかと想像されたことだろうか。

「被害者救済」と、スローガン的に叫ぶのは実に簡単である。しかし忌むべき、唾棄すべきと考えられがちな加害者について深く知ること、それによって加害者像を構築できることこそが、大きな喪失と世界観の分裂・崩壊にまで至らしめられた人たちが求めているものなのではないだろうか。

第三章　加害者アプローチこそ被害者支援

「それは暴力であり、DVなのです」

一九九五年に、国連世界女性会議（北京）が開催され、女性へのあらゆる暴力の根絶を宣言した行動綱領が採択された。

この会議には、日本からも多くの草の根的アクティビストの女性たちが参加していた。彼女たちは、八〇年代半ばから暴力被害の女性の民間シェルターを開設したり、セクハラという言葉をつくって反対するムーブメントを起こしたりしていた。彼女たちが北京から帰国後、夫から妻への暴力をドメスティック・バイオレンス（DV）と呼ぶことを日本の現場に伝えたのである。私もそれを伝えられた一人だった。当時の職場で九月の半ばごろにDVという言葉を知り、すぐさまそれをクライエントの女性たちに伝えた。「それは暴力であり、DVなのです」と。

カウンセリングにそれは決定的な影響を与えた。名前ができることで、明らかな実態を伴った暴力として共有できたからである。

「正義」という視点の投入

しかし、臨床・援助活動にとって、もっと別の大きな意味をもたらしたことが、今となってわかる。それまで心理的、精神分析的、精神医学的モデルでとらえられていた事象が、暴力と定義されることで犯罪化され、法律の視点による司法（フォレンジック）モデルが参入することになったのである。

司法モデルには様々な特徴がある。もっとも重要な点は「正義」（Justice）という視点が投入されたことであろう。暴力という言葉にそれは含意されている。

暴力＝悪＝犯罪なのであり、そこには加害者と被害者という、二極化された存在が想定される。心理学や精神医学は科学であることを掲げているが、明治以来の医療と医療観察法病棟、また、医療と司法が連携する司法精神病棟をめぐっては、実は政治的な流れの影響を受けざるを得なかった（宅間守（たくままもる）事件と精神鑑定がすぐに想起される）。

日本でもっとも早期にDVや虐待に注目した人たち

私の臨床活動のフィールドは、一九七〇年代のアルコール依存症に始まり、八〇年代に入るとアディクション一般に広がった。実は、家族の暴力とアディクションとは分かちがたい関係がある。

当時の日本では、一九七〇年代末から子どもから親への暴力が「家庭内暴力」と呼ばれ注目を集めていたが、それ以外の暴力はないと考えられていた。日本で夫から妻への暴力に最初に関心を示したのは、おそらくアディクションにかかわる専門家たちだった。精神科医の斎藤学を中心とした地域精神保健を巻き込んだ実践・研究の動きは、依存症家族における被害（アダルト・チルドレンやバタードウーマン）に八〇年代末から注目していた。『アディクションと家族』誌（第一一巻三号）は「夫の暴力とバタードウーマン」を特集している。

アディクションでは、問題行動を起こす本人と周囲の家族が、他の精神科的疾病のような「治療協力」関係というより、むしろ利益相反的関係を呈する。酒を飲みたい本人とやめさせたい家族は対立し、酒に酔って暴力をふるう男性も珍しくなかった。女性の依存症者が注目されるようになると、彼女たちの暴力被害も浮かび上がることになったのだ。このように、アディクション臨床の援助者は、日本でもっとも早期にＤＶや虐待に注目した人たちだったのである。

カナダでも、ＤＶ加害者プログラム実施団体の多くがアディクション臨床の援助者だが、これはアディクションが犯罪や社会病理と密接につながっており、司法的（フォレンジック）な視点を内包していることを表している。

第二波フェミニズムの発展は大きい

もう一つが、家族の暴力とフェミニズムとの関連である。

一九九〇年代に入ると、アディクション関係者とフェミニスト的ムーブメントは一部で連携し、民間シェルターであるＡＷＳ（Abused Women's Shelter）の設置などにつながっていった。

藤沢周平（ふじさわしゅうへい）の描く世界にも女性に対する暴力や殺害は登場し、小津安二郎（おづやすじろう）の映画にも、歴史学者の與那覇潤が描いているように（『帝国の残影　兵士・小津安二郎の昭和史』ＮＴＴ出版、二〇一一年）、男性たちが激しく妻を打擲する場面は登場する。当時は、それが「暴力」「犯罪」「許されないこと」ととらえられていなかっただけである。暴力として、正義（Justice）という視点を含めてとらえられるようになったのは、第二波フェミニズムの発展が大きい。

日本における第二波フェミニズムの影響は、一九八〇年代に顕著になった。フェミニストカウンセリングが河野貴代美によって導入され、社会学者の上野千鶴子らによる女性学が発展した。アメリカと同様に、このような変化は性暴力をはじめとする男性から女性（夫から妻）への暴力を告発し、被害者を支援するムーブメントとして表面化した。暴力という言葉に込められたものは、対等な個人間で起きる一般的な暴力ではなく、不平等（非対称的）な力の構造を基盤とする「構造的暴力」を意味している。

メンズリブが非暴力に果たした役割

そのような女性たちの動きに呼応して男性というカテゴリーの揺らぎが生まれ、関西の研究者を含む男性たちによって、男性学が誕生した。心理学者の渡辺恒夫による『脱男性

の時代 アンドロジナスをめざす文明学』（勁草書房、一九八六年）をはじめとして、九六年には伊藤公雄『男性学入門』（作品社）、中村正『「男らしさ」からの自由』（かもがわ出版）と、社会学者の著作が相次いで出版された。九一年にカナダの三人の男性から始まったホワイトリボン運動（「世界中の妊産婦と赤ちゃんの命を救う」ことを目的として活動している）もこれらに影響を与えている。

ジャーナリストの中村彰は一九九一年に「メンズリブ研究会」を立ち上げた。このような研究・実践のムーブメントの中心となった活動が「男性のための非暴力ワークショップ」である。この流れは、日本のＤＶ加害者プログラムの系譜において、欠かせない役割を果たしている。男らしさを問い直し、男性自身の生きづらさと向き合うこととＤＶ加害とを接合させた実践は、学ぶべき点も多い。その後も、中村はＤＶ加害男性に関して多くの論考を著している。

アメリカで展開されるようになった公的なＤＶ加害者プログラムは、州ごとの基準にのっとった厳密なものだが、それらは日本のＤＶ加害者へのアプローチに直接間接に影響を与えることになった。

関西を中心としたメンズリブ・男性学の動きとは別に、一九九七年にカウンセラーの草柳和之はＤＶ加害者へのアプローチを開始した。九九年には『ドメスティック・バイオレンス　男性加害者の暴力克服の試み』（岩波ブックレット）を著し、「加害者臨床」という言葉を提案、その後も心理臨床家として独自の理論・方法を展開している。そこには、アメリカでのプログラム実践の影響を見てとることができる。また、彼の出発点に斎藤学との接触が影響していたことも注目すべきだろう。

ＤＶ防止法が成立した翌年の二〇〇二年、山口のり子が「アウェア」を立ち上げ、ＤＶ加害者プログラムを開始した。カリフォルニア州認定のプログラムに準拠した内容は、週一回五二回以上を義務付けるプログラムである。日本でこのような長期にわたる明確なプログラムを実施したのはアウェアが最初であろう。また、カウンセリングや治療という言葉を斥け、被害当事者による加害者教育を謳っている点に大きな特徴がある。

専門家の立場は分かれる

ＤＶという言葉によって、親密圏・家族・私的空間におけるパートナーとの関係に、単なる夫婦喧嘩や衝突といった「お互いさま」の世界を超えた、犯罪という視点を持ち込み、「正義」を掲げることになったのである。

一方、臨床心理学は「正義」という司法（フォレンジック）モデルではなく、心・こころといった内的世界を対象とする。父が母を殴るのを子どもが見るという事態を、DV目撃ととらえれば心理的虐待を意味し、警察は児童相談所に通告する義務を負う。子どものこころの問題、母のこころの問題ではなく、暴力という司法モデルの適用と考えることもできる。それは、従来の臨床心理学・精神分析における精神内界の外界からの相対的独立、援助者・治療者の中立性といった前提を大きく変えることになるだろう。

子どもが親に暴力をふるうという「あってはならない」行為は、一九七〇年代からいち早く「家庭内暴力」と名づけられ、多くの援助者によって病理化され、対策が取り組まれてきた。いっぽうで、親から子、夫から妻へという、当たり前とされてきた行為（力の非対称性を不問に付す）は正当化され、された側（被害者）に問題があると言われてきたのである。

ところが他の先進国の趨勢（すうせい）などから、わが国でも家族内暴力に取り組まざるを得なくなる。上記のように、フェミニストたちが八〇年代からDVや性暴力へ草の根的に取り組んできたことも大きく影響した。いじめ事件の多発によってスクールカウンセラーの役割も大きくなり、こころの専門家は何ができるかを遅まきながら考えざるを得なくなったのである。

「暴力」概念の登場と法律制定から、約二〇年経って明らかになってきたのは、治療者・援助者の姿勢が三つに分かれつつあるということだ。三つの方向性は、ほとんど交わらずにいることを強調したい。

①　暴力行使そのものの犯罪性を告発する立場
　↓ア：被害者支援、イ：加害者プログラム

②　暴力の被害を病理化・心理学化することで、従来の専門性の中に取り込んでいく
　↓トラウマ概念とＰＴＳＤ（レジリエンス）

③　暴力そのものから距離をとり、治療援助の対象としない

被害者支援は加害者へのアプローチを拒否してきた

おわかりのように①とは、主としてフェミニスト的立場を指す。家族・夫婦における非対称的権力性を前提として、その不平等性と構造的暴力のつながりを指摘し、加害者処罰と被害者支援を徹底する方向性である。もともと、ＤＶという言葉そのものがフェミニス

トたちの被害者救済・支援活動の成果であり、制度化されたとはいえ、日本の被害者支援の中心的担い手は今でもフェミニスト的なひとたちである。

DVの民間シェルターの中心的担い手も不十分な補助金のもと、意気に感じて頑張る彼女たちによって支えられている。彼女たちにとっては、アしか存在せず、イはむしろ否定されてきたことを強調したい。

ストーカー被害はしばしば悲惨な殺人事件として報道されるが、警察の関与のもと、加害者から逃げて姿を隠す対応は有効である。しかし、家族の暴力はどうだろう。DVのように逃げて隠れる、改姓して生活保護を受けて生き直すという方法しかないのだろうか。日本のDV被害者支援の多くがこのような方法論しか持たないことは、家族解体こそがDVの解決であることを意味しないだろうか。極論すれば、DV加害者へのアプローチは、まわりまわって家族解体を防ぐこと（家族擁護）につながるかもしれない。

多くのDV被害者支援員たちは、加害者は変わらない、アプローチは無駄だという二〇世紀末の信念をそのまま維持しているかのように、加害者へのアプローチを忌避し、とにかく逃げることを勧めるのが現状だ。

加害者へのプログラム提供とそこに至るまでのプロセス形成、参加後のコミュニティを基盤としたフォローアップといったシステム構築によって、加害者の暴力の再発は一定程度防止でき、何より被害者の安心・安全も回復できるだろう。また、面前DVのような子どもへの心理的虐待による影響も防げるに違いない。

逃げて別れるという最終手段だけが唯一の道とされていることは、換言すれば、多くのDV加害者を放置していることにならないだろうか。加害者へのアプローチこそ、家族の解体、次世代の子どもへの影響を防ぐ、もっとも有効な実践であるはずだ。

被害者支援に加害者へのアプローチは必須だ

日本では、家族の暴力はもちろんのこと、各種ハラスメントへの対応も、専門家の関与は被害者保護、被害者ケアに終始している。虐待をはじめとして、被害者の生命危機を防ぐことが援助の第一義的目的なのはいうまでもない。しかし、膨大な数の被害者と同じ数の加害者が存在することを忘れてはならない。加害者の変容こそが被害を防ぎ、減少させるために必要であり、何よりも加害者は被害者への責任を果たさなければならないのだ。

多くの心理専門家や精神医療関係者が加害者へのアプローチにそれほど積極的ではないのは、縦割り行政の弊害でもある。加害者は司法機関に任せればいい、自分たちは専門外だ、と考えやすいのかもしれない。しかし、被害者を真に支援・ケアするためには、加害者へのアプローチは必須であり、省庁横断的な発想、かかわりが求められ、弁護士や外部機関との緊密な連携を伴わなければならない。筆者は長年のアディクション臨床の経験からそのような現実と向き合い続けてきたが、それによって家族が崩壊を免れた事例は多い。

では、加害者へのアプローチとはどのようなものか詳述しよう。

プログラムの具体的内容ではなく、実施の方法と基本的立場は次のようである。

グループの力の活用と尊重し合う雰囲気づくり

DV加害者プログラムの参加者には、第一回目に資料が綴じられたファイルが配布される。毎回それを持参し、宿題を提出するという学習的雰囲気は、ひとつの装置として重要だろう。ファシリテーターを中心に円形になって座り、発言は順番に回し、それらをボードに書き出す。この放射状の関係性が中心であり、参加者同士の相互作用を促進することはない。もちろん、途中で自発的意見や質問を発するメンバーもいるが、全員の視線はあくまでもファシリテーターに向けられる。

参加者の共通項は「加害者」というラベル・ネーミングであり、その否定的な意味合いゆえに、参加者同士につながろうという姿勢は見られない。カナダで実施されるプログラムを見学した際、参加者が終了後、それこそ「蜘蛛(くも)の子を散らす」ようにいっせいに帰ったことに驚いたものだ。

とはいうものの、参加者間の競争意識や、すでに何クールも参加しているアドバンス的メンバーとビギナーとの習熟度の違いは重要である。ファシリテーターは参加者の層をどのように生かしていくかを瞬時に判断しなければならない。また、被害者支援の一環であり、責任を取るためという一定の目的・方向性に参加者を導いていく点で、広義の集団療法とは一線を画すのである。

彼らの暴力は否定するが人格は尊重する

彼らの多くは被害感情を色濃く抱いているが、毎回のワークをとおしてそれを自発的動機に変化させるために、質問の仕方が重要な役割を果たす。「どのようにしたらそれが可能になると思いますか」「それはあなたとパートナーとの関係をよくするのに役立つでしょうか」といった質問の仕方は、動機づけ面接法（Motivational Interviewing）に基づいている。幼児期の経験が現在の行動に本質的影響を与えているという加害者への解釈ではなく、あくまで彼らの認知（Belief ＝信念）と行動をターゲットとする。原因論ではなく、何を変えられるのか、変化を妨げているのは何かを明確にする。

そして重要なことは、「彼らの暴力は否定するが人格は尊重する」という姿勢に基づき、彼らのプログラム参加を歓迎し、努力を肯定するというファシリテーターの態度である。処罰的態度が強まることで、参加者がドロップアウトすることはもっとも避けなければならない。DVの再発のリスクはドロップアウト後に高まるからだ。自発的参加者を対象とせざるを得ない日本の状況において、とにかく彼らが一クール参加しとおすように工夫をし続けている。幸いにも、私たちが実施するプログラムのドロップアウト率は一％を切る。

責任の二重性と情報公開の片務性

あらゆる臨床・援助活動において、参加者（クライエント）のプライバシーを保護することは基本的倫理である。プログラム参加者がファシリテーターとの関係で発言したことは、守秘義務の観点からグループ外の人には非公開を原則とするべきだ。

しかし、加害者プログラムの第一義的目的は「被害者の安全確保」であり、目の前にいない被害者が真のクライエントなのだ。したがって、彼らの守秘義務よりは、被害者であるパートナーの安全確保が優先されることになる。もしＤＶ再発の危険性をプログラムで探知すれば、被害者の安全を優先し、それをパートナーに告げることもありうる。いわば「ねじれ」ともいうべき情報公開における片務性を、ファシリテーターは十二分に自覚する必要があり、プログラム開始前にそのことを参加者たちに了解を得ておく必要がある。

カナダのトロントで、ＤＶ加害者更生プログラム参与観察した際に、ファシリテーターが強調していた言葉がある。「このプログラムの真の参加者はあなたたちのパートナーだ。パートナーがあなたたちを見ていると思って参加してほしい」。目の前の参加者だけでなく、彼らのパートナーの安全・安心にも責任があることを示した発言だろう。

被害者を病理化・医療化する傾向

ＤＶ対応におけるフェミニスト的視点に抵抗を覚えたり、正義の強調に対する忌避感、拒否感を抱く援助者は多い。ＰＴＳＤ概念が定着し、ＷＨＯによる国際疾病分類の一一版（ＩＣＤ－11）に複雑性ＰＴＳＤ（Ｃ－ＰＴＳＤ）が加わったことなどから、被害の病理化がすすんだ。それは被害に名前がつくことと同時に、医療の対象になることを表す。

これはＤＶのみならず、虐待にも見られる傾向だ。

二〇〇〇年代初頭、子どもの虐待防止を謳った学会が登場したころは、被害当事者に加え、精神保健福祉士や臨床心理士、精神科医など多職種が入り交じり、研修会や分科会などが企画された。しかし、昨今の学会では科学性やエビデンス中心の傾向が強まり、小児科医などを中心としたものに変貌しつつある。

その際に、いくつかのキーワードが用いられる。一つはレジリエンスである。これは、PTSDなどのトラウマ被害を重視する研究から生まれたものだ。トラウマに支配され尽くさない、そこから回復するための力を強調するために用いられるようになった。現在は転用されて、企業における働き方やメンタルヘルスの中心概念として重用されるようになっている。うつにならず、メンタルを健康に維持していくための概念としてだ。

これは、暴力の被害者ケアからの発展形としてもとらえられよう。しかし、どのような言葉にも見られるように、裏側にひそむ危険性もある。つまり、トラウマを受けた兵士が再び戦場に戻れるための言葉として活用される危険性だ。打たれ強さは、ある種の鈍感さ、非人間性にもつながるからである。

レジリエンスという反作用概念

阪神・淡路大震災によって、一九九五年はトラウマ元年となった。多くの人たちが日常用語で用いるほど身近になったこの言葉については、すでに触れてきた。ここではレジリエンスという概念について述べたい。

様々な定義があり、用いられる領域によって、異なる側面が強調されているようだ。

もともとは精神障害に対する復元力を指しており、イギリスの心理学者ラターは「深刻な危険性にもかかわらず、適応的な機能を維持しようとする現象」(Rutter, 1985) と定義した。その後、アメリカの心理学者グロットバーグは「逆境に直面し、それを克服し、その経験によって強化される、また変容される普遍的な人の許容力」(Grotberg, 1999) と定義している。また、アメリカの心理学者マステンらは「困難あるいは脅威的な状況にもかかわらず、うまく適応する過程、能力、あるいは結果」(Masten et al.,1990) と定義した。

このように、具体的、多様に定義をされながら今日に至っている。

日本でこの言葉が関心を集めるようになったのは、二〇〇〇年代に入ってからであり様々な研究が行われ、二〇一〇年までに概念として普及した。

一九九五年から一気に広がったトラウマ概念に対応するように用いられる点に注目した

い。精神的な「心の傷」として、いわば被害が強調されたことによって、そこからの回復の困難さも注目されることになった。そうなると被害者に責任はなく、加害者に責任を問うという、司法モデルに傾きがちになる。

しかしながら、多くの援助者は現場で、同じ経験をしても「それほど影響を受けないで、日常に容易に復帰できる被害者」と、「深く影響されて治療を要するまでに至る被害者」と出会うことになる。この両者を分かつものは何かという疑問に対して、レジリエンスという概念が必要となったのである。

もう一つは、トラウマ概念についてまわる世代間連鎖説である。特に虐待に関しては、虐待されて育った人は自分の子どもを虐待する、という運命論にも似た連鎖説が世間に広まった経緯がある。ＡＣ（アダルト・チルドレン）概念も連鎖説に加担したことは、否定できないだろう。

しかし、私も含めて多くの専門家は、筆舌に尽くしがたい虐待を受けて育った人が、結婚して平和な子育てをし、温かな家族を形成している多くの事例に出会う。この違いは何か。それが明確になれば、連鎖を防止できるのではないかと考えたのだ。このように、世代を超えた親子関係の理解においても、レジリエンスという概念が注目されるようになったのである。

言うなれば、トラウマ概念の強烈なインパクトに対する反作用として、レジリエンスという概念に注目が集まったと考えられる。

だが、先述したように、この言葉は相互作用を前提としているにもかかわらず、個人化される危険性もある。現実に、産業界や自己啓発本などで「逆境を乗り越える」「マイナスをプラスに転じる」といった、個人の努力を奨励するキー概念としてレジリエンスが用いられるようになっているのだ。ストレスへの耐性や逆境に立ち向かえる能力は、企業社会の中で効率的かつタフに生きるためには必須であろうし、それがレジリエンスと読み換えられたのも、そもそも個人化する傾向性を孕んでいたからではないか。

二〇〇〇年に児童虐待防止法ができ、政策的に子どもの虐待防止のシステムが構築され始めるのと並行して、個々の家族への虐待防止のための働きかけ、介入、虐待を受けた子どもへのケアなどの研究・実践が盛んになった。レジリエンスがそもそもトラウマとの関連で注目されたきっかけは、貧困や親の精神疾患など、様々なリスク要因を抱えているにもかかわらず、そのような環境でも健康的に育つ子どもたちへの研究だ。

中でも臨床保育を専門として、里親研究をしていた庄司順一は、多くの虐待研究が子どもと親（中でも母親）との関係だけに焦点が当てられてきたことに疑義を発し、環境との相互作用による子どもの発達という視点から虐待の影響を考える場合には、もっと重層的な環境要因を丁寧に論じ、質的研究をしなければならないと唱えた。

被害者とは、レジスタンスを行っている人たちだ

被害者という言葉がもつ二項対立性は、加害者＝悪であり、被害者は無垢でケアが必要という単純化される弊害をもつ。現実には、被害者たちは日々その環境の中で生きていくための「抵抗」（レジスタンス）を行っている。それを、援助者や治療者たちは、しばしば見逃したり、誤解したりする。言葉の重要性がその点にあることは言うまでもない。被害者とは、レジスタンスを行っている人たちだと認識しなければならない。

被害者の抵抗について考えるための資料を引用しよう。これはカナダアルバータ州のカルガリーのシェルターで使用されているプログラムの翻訳である。（Calgary women's emergency shelter　より公認心理師・高橋郁絵（原宿カウンセリングセンター）改変）

人はひどい扱われ方をしたとき、常にその暴力を軽減し、予防したり止めたりしよ

うと、いろいろな方法で試みます。これを被害者の抵抗と言います。目に見える行動だけではなく、考えることでも抵抗を試み、自尊心を守ろうとします。

　もしあなたが……

○**彼女を孤立させる振る舞いをしたら**⇓他者との関係性を取り戻し、大好きな人たちとの良い思い出を思い出そうとします。

○**彼女を侮辱する言葉を言ったら**⇓自分のプライドや自尊心を保つために、あえて立ち向かったり、侮辱を気にしていないかのように振る舞います。

○**もし彼女をあなたの思い通りにさせようとしたら**⇓あなたのしてほしいことを大げさにして見せたり、気づかれないようにあなたのしてほしいことと反対のことをします。

○もし、**彼女にお前のせいで暴力になったと言うならば**⇓あなただけが自分の暴力に責任を取れる人だと自分自身に言い聞かせます。

○もし、**暴力について言い訳をしようとしたら**⇓暴力は良くない、言い訳はできないと怒ったり、あなたのやったことを日記に記して自分には責任がないことを証明しようとします。

○あなたが暴力をしたことを隠そうとしたら⇓あなたの言葉を拒否して受け入れないようにします。

○もしあなたが、突然キレたら⇓あなたの行動の予測が可能な範囲でのみ関わるか、彼女自身もあなたの予測がつかない行動を選ぶようになります。

○被害者の抵抗は分かり難く、あなたを含め、周囲の人たちは勝手なラベルを貼って、被害者がおかしいと考えます。

そして、その抵抗を乗り越える力で更に押さえつけようとするかもしれません。

彼女は感情を現さなくなるかもしれない⇓人とのかかわりを避けている、感情表出できない人だ

彼女はあなたが彼女にしてほしいことをあえてしなくなるかもしれない⇓受け身で攻撃的な態度は問題だ。非協力的な妻だ

彼女は感情を麻痺させることで自分を守るかもしれない⇓彼女は解離性障害だ

第四章　レジリエンスからレジスタンスへ

中立性という言葉の魔力

日本語では抵抗と訳されるレジスタンスだが、一般的には政治的文脈で使用される。たとえば、ドイツ占領下のフランスで地下に潜伏した人たちによるレジスタンス運動のように。ところが、ＤＶに関する実践理論において、この言葉は近年用いられることがあるのだ。

一般的に、カウンセリングやカウンセラーというと、心の悩みや心的現実といったものを対象とすると思われがちである。初対面の人にカウンセラーだと自己紹介したとたんに示される反応の一つは、いかがわしい、という言外のまなざしである。特に、社会科学系の人にはそのような傾向が著しい。

弁明しようとは思わないが、日本の臨床心理学、臨床心理士の果たしてきた役割、主たる傾向は残念ながら「内的世界を対象とする」あまり、現実に生起している諸問題に対しては距離をとり、中立性という価値に疑いをはさまなかったのである。一九八〇年代に勃興したポストモダニズムなどにはわき目もふらず、ひたすら真実の自己に迫るという分析的心理学やフロイトの系譜をたどるという、どこか禁欲的な姿にもつながる。

同業者たちは自らを「職人」と呼び、ひっそりと市井の片隅で、まるで茶人のように開業して暮らす。それをどこか理想としているように思えた。

その中で、私がいかに「異端」だったかはご理解いただけるだろう。しかし、時代は変わった。社会も変わった。

いまや心理職は「公認心理師」という国家資格となり、私もその末席に連なることになった。ここで大切なことは、国家資格はすべての出発点であることだ。しばしば私たち心理職は、かたちのないものを対象とするがゆえに、根深いアイデンティティ・クライシスを抱えている。心も関係も、目に見えるものではない。精神科医は、薬という目に見えるものを処方する権力を有し、注射で眠らせることもできる。精神科に入院させることもできる。それに比べると、どうしても私たちの基盤は脆弱に思えてしまうのだ。

極端なことをいうと、国家資格を有することで国の方針の代行業、もっと汚い言葉では「権力の犬」と化してしまう危険性を有している。公的機関に認められることで汎用性を高めたいとなると、あらゆる現場に入り込むことになり、公（パブリック）の意思を汲み取ることに忠実となる。

そこに欠けているものは何か、を考えなければならない。中立性という言葉の限界性、そして魔力は、自らの立ち位置を不問に付すことで、結果的にマジョリティ、権力に従ってしまうようになることだ。

ＤＶ（ドメスティック・バイオレンス）の問題にかかわることでそれを、ずっと感じてきた。もっとそのことを歴史的に考えてみる。

すべてを医療に取り込もうとする流れがある

心理学は非常に新しい学問だった。明治時代の法学や経済学、数々の自然科学の学問に比べて、もともと哲学寄りの学問として位置づけられていた。歴史的にみても、ギリシャ時代は哲学の一部だったのである。

そこに自然科学的実験などが加わり、科学としての心理学が発展する契機となったのが戦争だった。特に、第二次世界大戦には多くの心理学専攻者が軍隊に徴用された。私の恩師は、「日本の心理学は戦争によって発展してきたんです」と語った。たしかに、戦場で兵士たちを襲うのは戦うことへの恐怖であり、前夜の不安である。そのような感情の制御が戦争には欠かせない。そこに心理学の知見が活用されたわけだ。

有名な説に、発砲率の向上がある。第一次世界大戦までの兵士の発砲率は二割程度だったのを、アメリカは軍事訓練を重ねることで、ベトナム戦争では八割近くまで上昇させたというのだ。人間の形をした的に向かっての射撃訓練など、敵を殺すことへの恐怖をいかにして低減させるか、工夫を積み重ねたのである。このような軍事訓練に心理学の成果が生かされていることは言うまでもない。

人殺しに役立つ心理学、と書くとシャレにもならないが、それでは攻撃される側、被害を受ける存在に心理学はどのように貢献してきたのだろうか。それにずっと向き合ってきたのは精神医学のほうだった。心理学と精神医学との違いは、前者は健康な人間の心を対象とし、後者は病気の人間を対象とする、というのがとりあえずの教科書的回答である。

ところが、近年精神医学の流れは少しずつ方向転換を図っている。心理学に軸足を置く立場からすれば、一種の転向とも思える。あらたに「健康生成的」などといった表現を用いたり、バイオ・サイコ・ソーシャル（生物心理社会的）モデルといったわけのわからない言葉が使われたりするようになっているのだ。

背景には、統合失調症治療を主要な役割としてきた、精神医学の病態の軽症化が挙げられよう。これは日本だけの現象ではないと言われるが、典型的な幻聴・幻覚・妄想状態を伴う患者が激減しているという。そのぶん精神科病院の入院患者も減少し、日本の人口減も相まって、経営難に陥る精神科病院が増加しているのだ。少し横道にそれるかもしれないが、それを補塡（ほてん）するものとして、認知症の高齢者を表向き精神科病院と銘打つことなく実質的には収容し、経営を維持しようとしている現実がある。

認知症は病気ではないと主張する医師も、一方では精神科医療のシステム自体を経済的に維持するため、広くなんでも医療に取り込んで対象にしようという流れには乗らざるを得ないだろう。医療のスリム化という掛け声の裏側には、すべてを医療で取り込む（医療化）流れがあることを、注意深く察知しなければならないと思う。

近接領域である心理学・臨床心理学の立場から、その点を忘れたことはない。

国家の被害、家族の被害

被害を扱った心理学・精神医学はそれほどメジャーではない。被害とは加害がなければ生じず、それは一種の因果論を前提とするからだ。

精神医学の診断基準は、一九八〇年のＤＳＭⅢ以来、症状を輪切りにして（現在表出された症状のみをとらえて）診断するという操作的診断が前面化した。このことは症状の背景や成育歴を探るという、いわゆる洞察的・内省的な姿勢からの決別だったと同時に、因果論を遠ざけることを意味した。しかし、同時にＤＳＭに付け加えられたのがＰＴＳＤだった。これは、一九七五年にアメリカが勝利できないままに終わったベトナム戦争帰還兵たちの救済も意味していた。操作的診断と、ＰＴＳＤのような被害の表れとしての症状という診断名は矛盾しているが、おそらく退役軍人を中心とした政治的圧力と、戦争被害を国が認定する意味合いもあり、ＤＳＭⅢに加えられたのだろう。

もう一つ重要なのは、ジュディス・Ｌ・ハーマンが複雑性ＰＴＳＤという診断名を加えるように要求した点である。フェミニストの精神科医だった彼女は、七〇年代末のアメリカで激増したＤＶ・虐待・性暴力の被害者を救済しようと考えたのだ。しかしながら、そ

の望み は叶わなかった。複雑性(complex)という意味は、戦争や災害のように短期に特定できる出来事よりも、家族において習慣的に長期間にわたって受ける被害を意味している。

一九八〇年のアメリカ精神医学会で起きたこと。つまり、戦争被害はPTSDとして国家が認定したにもかかわらず、国家の対局にある私的領域＝家族における被害は認定されなかったことは、本書のテーマに関して一つの論点を提起する。

国家は自らの命によって戦闘に赴いた兵士たちが「精神的被害」を受けたことを、しぶしぶであるが認めたのだ。これは、後述する日本の場合と比較しても画期的なことだといえよう。しかし、だからこそといってもいいが、家族における諸暴力の被害を「疾病」として認めることは拒んだのである。見方によっては、こう言えるだろう。アメリカの男性たちは戦争で勇敢に戦ったゆえに精神的被害を受けたのだから、それは補償されるべきだが、家族に対して彼らが暴力をふるうはずなどなく、あくまでそれは私的なこととして国家補償の対象外にするのだ、と。

いまや、日本では多くの人に共有されているトラウマという言葉だが、その転換点が一九八〇年のＤＳＭⅢにあったことは間違いない。この言葉によって、どれほど多くの経験が「被害」として認知されるようになったことか。定義する言葉の不在によって、埋もれて忘却されるしかなかった経験が、初めて陽の目を見て他者に伝達可能となったかを考えてもらいたい。輸入されたカタカナ語ではあるが、その果たした役割の大きさは言うに尽くせないものがある。

臓躁病

『戦争とトラウマ』（中村江里、吉川弘文館、二〇一八年）を参照しよう。敗戦後七〇年以上が過ぎてなお、初めて公表される事実が多いことに驚かされる。この本は、戦争神経症として戦闘要員の役割を果たせないため、本国に送還されて病院で治療を受けた兵士に関する初めての大がかりな研究である。

ハーマンのところでも述べたが、国家の暴力（戦争）の被害と家族における暴力（DVや虐待）の被害は深いところでつながっているのではないか、という思いを私は持っていたが、この本を読んでそれは確信に近いものとなった。

一九四五年の敗戦、焦土と化した日本、膨大な数の戦死者（そのかなりの部分が南方における餓死者だった）、生還して戻った人たち。民主化された新生日本は、朝鮮戦争を経て奇跡的な高度経済成長を遂げる………これが一般的に共有されている「戦後」の物語である。

しかし、『戦争とトラウマ』によると、数多くの日本軍兵士が満洲（中国北東地方の旧称）や中国本土、南方の戦地で精神を病んで入院し、そのことを恥ずべきこととされ、なかったことにされたことがわかる。また、そのトラウマは戦闘によるものより、日本軍内部の私的暴力（リンチ・いじめ）によるものが多かったことがわかる。

ＤＶや虐待の被害は、そのときに骨折したりあざができたりすることが問題ではなく、長期にわたり、様々な症状や生きづらさにさいなまれることの残酷さにある。

入院していた彼らは、激しい戦争神経症の症状（ヒステリー）に悩まされるが、軽快すると今度は生きていることを責め、時に自殺を図る。どこにも、どちらを向いても彼らが居られる場所はない。戦後、家族も本人を受け入れる人は少なく、多くの人が精神病院に入ったまま人生を終えることになる。一九八〇年にアメリカがＰＴＳＤを認めざるを得なかったことを考えると、第二次世界大戦後の状況は過酷であった。彼らは臓躁病という新たな病名をあてはめられ、帝国陸軍兵士にあるまじき精神の脆弱さを呈した存在とされたのである。無事、家族に帰還した人たちも、多くは家族（妻や子）に対して苛烈な暴力をふるった。ＮＨＫＢＳ１スペシャル『隠された日本兵のトラウマ〜陸軍病院８００２人の〝病床日誌〟〜』のインタビューには、高齢の女性が復員した夫からの暴力の話をされると、身をよじってつらそうにする場面が登場する。

衝撃的だったのは、敗戦と同時にカルテをすべて廃棄するように国から命じられたという事実である。心ある数人の精神科医が「将来絶対貴重な資料になる」と、カルテを地中に埋めたことで廃棄を免れたのだ。またそのうちの一人は、「今から五〇年間は絶対にカルテの内容を公表してはいけない」と言い残していたという。

戦争経験のトラウマを戦後日本は見逃していた

この本に刺激されて、戦後大量に酒を飲み、アルコール中毒になった男性たちに戦争が及ぼした影響を見てとる必要を感じた。

一九七〇年代初めに勤務していた精神科病院は、当時としては珍しく、アルコール依存症治療に熱心だった。入院中のアルコール依存症患者（男性）さんから、しょっちゅう満洲での経験を聞かされたことも思い出した。彼らは満洲の広大な大地に沈む夕陽の美しさを語りながら、一方で寒さや恐怖から吐きながら酒を飲んだという。上官から粗悪な酒かったらしい。

（中国の住民から取り上げた焼酎など）が配られ、みんなそれを必死で飲んだが全然酔わな

保健所で出会った断酒会員の男性は、もともと一滴も酒が飲めなかったのに、「満洲で吐きながら飲んだのをきっかけに酒が飲めるようになった。復員してからも何かあるたびに飲み、暴れたりした」と語った。彼は断酒七年目に胃がんを患い、胃を切除した。多くの依存症者が語るには、胃を切除（時には内臓を手術）した後は、少量の酒でも酔い方が乱れてしまい、自分は酒が飲めない体になったのかと錯覚するという。彼もお定まりの経過で、術後しばらくしてから、ちょっと一杯のつもりで飲み始めたところ、ひどい状況（吐き気と記憶喪失）に陥り、結局事故で亡くなってしまった。

彼らの話を再度思い出すと、やはりそこに戦争の影響を見てとるべきだったのではないかと思う。当時の日本は、戦争の記憶をファシズムの否定とともに忘れ去り、新しい経済大国になったと信じ切っていたのだ。だから、アルコール依存症者も、それを聞く私たちも、語りの中にあった戦争経験のトラウマの痕跡を見逃していたのではないだろうか。

ある人がドリフターズの『8時だョ！全員集合』の番組を、日本軍を初めてパロディー化したものではないか、と語った。たしかにあのドタバタ劇は、日本軍の兵隊いじめの状

況を笑い倒すものだったのかもしれない。五味川純平『人間の條件』のように正面からそれを描いた作品もあったが、徹底して笑い尽くすまでには敗戦から二〇年以上の歳月を要したのかもしれない。

　これまでは、一九五〇年代の日本禁酒同盟の活動、全日本断酒連盟へと続く流れは、戦後日本の経済の発展、企業戦士化の文脈で語られることが多かった。だが、依存症＝アディクションは自己治療の一種であるとすれば、戦争トラウマの「自己治療」としてのアルコール摂取の結果という側面も、注目されるべきではないかと思う。

　九州の詩人丸山豊が詩集『月白の道』（創言社、一九七〇年）で、戦争から生きて戻った友人の多くが戦後五年を経てから次々と自殺を遂げたと書いている。トラウマの影響の一つにサバイバーズギルト（生存者罪責感）もあるが、日常生活の平穏が戻ってから多くの人たちが深刻なうつ状態になることは、ＤＶ被害者のグループカウンセリングを実施しながら数多く経験している。戦後五年を経たころから、うつ状態、その自己治療としての飲酒などが出現したと考えられないだろうか。

　飲酒は、しばしば暴力を伴う。

　一九八〇年代末からアダルト・チルドレン（ＡＣ）のカウンセリングでは、酔った父親の暴力の話は多かった。当時はＤＶという言葉もなく、虐待が一般的に認知されていなかったが、酒乱という言葉、さらにＡＣという言葉だけが、家族内暴力を言語化するために容認されていた。

一九九五年に原宿カウンセリングセンターを開設し、女性のＡＣのグループカウンセリングを開始した。そこで聞かされたのは、彼女たち（一九四〇～一九六〇年生まれ）が父から受けた壮絶な身体的虐待と母へのＤＶの目撃だ。アルコール問題のある父も多かった。青竹で殴る、母の髪をごっそり抜くといった彼らの暴力に、改めて戦争の影響を再認識させられる思いだ。

彼女たちの父親は戦死もせず、戦争神経症を呈することもなく復員し、戦後に結婚して家族を営んでいたが、妻や子どもに苛烈な暴力をふるい、酔って人格が変わったのであった。

戦争トラウマが自己治療としての飲酒を伴い、酔った男性が妻にＤＶを行い、子どもに虐待や性虐待を行使する……。これは、一九七〇年代後半のアメリカの家族と同じではないだろうか。ハーマンらが女性や子どもの置かれた悲惨な状況を援助しながら、複雑性ＰＴＳＤという診断名で「被害」の認定を試みたのも、ベトナム戦争の影響だった。

それは、二〇一〇年以降のACのグループカウンセリングでの語りと比べると質的に異なるように思われる。

戦争神経症は二重に否認された

国府台陸軍病院長の諏訪敬三郎は「五〇年は口を閉じていた方が良い」（『戦争とトラウマ』二七〇頁）と語った。日本軍を支配していた軍国主義は、戦後に一掃されたのではなかったのか。なぜ、それなのに秘匿されねばならなかったのか。

戦後の左翼的精神医学における言説は、過去の戦争を愚かなものと否定することから出発している。戦争協力者である精神科医が摘発されることはなかったが、それは彼らが戦後の新たな潮流において、戦中の治療について沈黙を保ったからではなかったか。ここで再び、戦争神経症の存在は忌避され、否認されることになったのである。ベトナム戦争後のアメリカとの違いはこの点にあろう。

戦争中になきものとされたのは、軍国主義精神による脆弱さの否定（ウイークネス・フォビア＝弱さ嫌悪）によるものだが、もう一つ、日本精神医学の現在に至るまでの主流体制も影響していよう。それは、かつては精神分裂病と言われた統合失調症中心の治療体制である。今も続くその体制は、脳の一部の変化に原因を求める自然科学としての精神科医療という考えに基づいており、他科の医師に比べて科学性・客観性に乏しいという精神科医たちのコンプレックスに裏打ちされているのかもしれない。そこではよけいに「戦争体験」を原因とする彼らの存在は扱いにくく、入院中の診断名の多くが統合失調症であったことも肯ける。

日本では、トラウマ治療はどうなっているのだろう。

ベトナム戦争がアメリカにおけるトラウマ研究の駆動力になったように、日本では一九九五年の阪神・淡路大震災がその皮切りとなった。中井久夫（なかいひさお）訳のジュディス・Ｌ・ハーマン『心的外傷と回復』が異例の売れ行きを示したのだ。ハーマンが複雑性ＰＴＳＤをＤＳＭⅢに入れることを要求したが却下されたことは何度も述べた。その後のアメリカ精神医学界は操作的診断（因果を不問に付す）に走り、ストレス説（因果論的）を遠ざけていく。日本でも「トラウマ」が一般化するのと並行して、操作的・機能的・エビデンス重視の傾向が強まっている（特に二〇一〇年以後）。しかしながら、トラウマ治療は日本の精神科医療では相変わらず主流ではない。

ハラスメントやＤＶ、虐待といった「被害」を訴える人の増加に伴い、被害の唯一の証明であるPTSDの診断書は、各種の裁判や紛争で被害者側の有効な証明として求められる。しかし、それゆえに、今ではPTSD診断は信ぴょう性が疑われ、司法の場でもそれほど大きなインパクトを与えなくなっている。

二五年近くかけて一般化したトラウマという言葉は、その汎用性の高さと「被害」の認定という役割の大きさゆえに、むしろ客観性からは程遠い言葉として、一種のポピュリズムの波に呑まれつつある気がしている。したがって、精神科医のあいだでも、トラウマ治療は相変わらずマイノリティのままであることを知っておいていただきたい。

三重の否認にさらされた性虐待

八〇年代から、性虐待被害者は被害に遭ったうえに三度否認される、と言われてきた。加害者から「そんなことはしていない」と否認され、母親に訴えれば「嘘だ」「あんたが悪い」と否定・無視され、専門家に相談すると「妄想」「虚言」とされるからだ。

この三重の否認は現在でもそれほど変わってはいない。一九八〇年代からカウンセリングによって多くの性虐待被害者と会ってきた。ACという言葉をとおして、父からの性虐待を語る女性は珍しくなかった。しかし、当時の日本でそのような話をそのまま信じる姿勢を示す精神科医は極めて稀だった。臨床心理士ではほとんどいなかったと思う。まして、当時は精神分析的心理療法が席巻（せっけん）していたため、フロイトの言う「誘惑説」（娘が父を誘惑する）を信じる専門家が多かったのだ。

　性虐待加害者である父こそが「あってはならない」行為をしているのに、被害者が「存在しない」とされる。この構造は、戦争神経症と同じではないだろうか。国の命令で中国の農民を殺せとする戦争の非人間性を問わずして、そこで常ならぬ状態を呈して病院に送られた彼らの存在を否定する。彼らを容認すれば、日本軍をめぐる神話（皇軍兵は恐怖など抱かず、死も厭（いと）わず戦い抜くヘイタイサン）が崩壊する。

　性虐待被害を容認すれば、家族イデオロギー（絆・愛情・特に家長である父の正しさ）は崩壊する。

　こうして国家を支える軍隊のイデオロギーを守るために、国家を支える家族のイデオロギーを守るために、戦争神経症も性虐待もないものとされなければならないのである。

　もう一つ踏み込むと、そこにはジェンダーの問題がある。

　日本軍は「男だから」「男は強くなければ」「男になります」といったジェンダー観の源である。恐怖や不安のような感情に流されない強さ、死を厭わない勇気は男らしさのジェンダーの根幹をなしている。

性虐待被害者たちがしばしば語る「汚れた」「穢（けが）れた」私とは、女らしさのジェンダーの根幹をなす処女性（清らかさ、無垢さ）の崩壊であり、それも父から犯されるという法外な汚れ方なのである。

　このように戦争神経症と性虐待被害とは、ともに国家・家族の根幹をなすイデオロギー保護のためにないものとされてきた。そして両者ともに、ジェンダー規範から逸脱した存在として自らを否定し、自らを責めなければならないのだ。

　性虐待を霊長類研究から説明する山極寿一（やまぎわじゅいち）の説もあるが、戦争神経症と同様に、構造的暴力の一環としてとらえることで、心理学化・病理化のもたらす隘路（あいろ）から脱出できるのではないか。すでに明らかなように、両者は相似形であり、根底で深くつながっているからだ。

　この点について、上野千鶴子は『生き延びるための思想』（岩波書店、二〇〇六年）において次のように述べている。

「プライバシー原則とは家長という私的権力の支配圏に対して公的権力が介入しない

という密約の産物ではないのか」

つまり、もっとも私的でもっとも見えにくい家族で起きていることは、国家のレベルで起きていることと連動しているのだ。家族の暴力についてなかなか政治的対策が講じられないのも、ひょっとして国の意思がそこに働いているのではないか。家族は国からも他者からも侵入されないユートピアなどではなく、もっとも明確に国家の意思の働く世界であり、もっとも力関係の顕在化する政治的世界なのかもしれない。

被害者の奇妙な言動も抵抗（レジスタンス）なのだ

トラウマ治療には様々な方法がある。日本で実施されているのはＰＥ（暴露療法）とＥＭＤＲ（眼球運動による脱感作と再処理法）が代表的なものである。前者は保険診療の対象となっているが、後者はそうではない。私の運営するカウンセリングセンターでも、積極的にＥＭＤＲを実施しているが、もちろん万能ではない。一時は爆発的な人気となったが、カウンセラーは厳格な研修を受け、その後もスキルや理論を更新し続けなければならない。また、近年ではトラウマを視座に据えたＴＩＣ（トラウマインフォームドケア）なども、広く子どもを対象とする分野では取り入れられるようになっている。

そこから見えてくるものは、人はどれほど傷つきから自由になれないか、ということである。根性やプラス思考や、自分を強くする、自己肯定感を高めるといった、自己を操作することではどうしようもない被害（トラウマ）が少しずつ明らかになってきた。

むしろ、トラウマの影響がどれほどのものか、トラウマに対する反応にはどんなものがあるのかを知ることで、初めて傷つきから自由になれるのかもしれない。これは多くの人にとって発想の転換を迫るものだろう。ＤＶ被害者やＡＣ（アダルト・チルドレン）の女性を対象としたグループカウンセリングを実施していると、そのことを痛感させられる。

一方、近年特にアメリカで研究対象となっているのがレジリエンスだ。これは被害に対する強さ・しなやかさとでも言えるだろうか。どのような人にも、トラウマに圧倒され尽くされない力がある。そのことを指した言葉だ。避けられない被害をどのようにトラウマ化させないようにするか、どのように働きかければ、その人のレジリエンスを高められるかといった視点で、多くの精神科医療や臨床心理学の専門家が取り組んでいる。

同じことを伝えるのに、レジスタンスという言葉を使用することもある。傷つきという受動的なニュアンスに加えて、もっと積極的に抵抗するという意味がある。

トラウマを受傷するという言葉に見られるように、それ自体は被害者に責任がない。このイノセンスを強調するために、トラウマという言葉が多用されているのも事実だ。

性虐待の被害を受けた女性が親を訴えた場合、このことがもっとも争点となることは周知の事実である。「抵抗できたはず」というとらえ方が、どちらを有利にするかを考えれば明らかだからだ。DVでも「逃げられたはず」というとらえ方が、しばしば被害者を苦しめる。

被害者のイノセンス（責任のなさ）が、被害者の無力さの強調につながることは容易に想像できる。しかし、実は被害者のレジリエンスがはたらくからこそ様々な症状が生まれたり、不調が生じるととらえるのである。

一部の専門家はそこをもっと積極的にレジスタンスと呼び、一方的に無力なだけではないことを強調した。

自分の経験した暴力（被害）をどのように経験として受け止めるか、どのようにその記憶とともに生きていくのか。それは実に困難である。なぜだろう。ある衝撃を受けたときに、その人は変化を強いられるからだ。物理的変化と同様に「へこむ」だろうし「折れる」のである。しかし、人間は絶えず平衡を保ち、存在を持続しなければ生きてはいけない。柱は折れればそれで終わりだが、人間はどうっと倒れて終わり、というわけにはいかないのだ。

衝撃に対しても、ジュディス・バトラーが唱えたようなエイジェンシー（言説行為を通して事後的に構築される主体。言語と主体をつなぐ行為媒体ともいう）が働くだろう。トラウマ症状と呼ばれる、忘れようとしたり（健忘）、自分を分離して麻痺させたりする（解離）、時には異様にテンションを高めて片時もゆったり休まないようにする（過覚醒）、絶えず緊張して次なる襲来に備える（過緊張）といった状態は、衝撃に身を任せてはいないからこそ生じるのだ。時には繰り返し思い出される記憶（侵入的想起）のフラッシュバックによって、それを避けるために酒を飲み、ギャンブルやセックスに耽溺（たんでき）する。

これらを、自分を襲った衝撃に対する無力な被害ととらえるのではなく、レジスタンスととらえる意味はどこにあるのだろう。

レジリエンスと言ってしまうと、あたかも能力であるかのように誤解される。そうではなく、力だととらえるべきではないだろうか。人間として、というとあまりに抽象的だが、一人の生きた人間として扱われない経験はあまりに多い。ジェンダーという視点からすれば、女性を性的存在としてとらえる、もしくは性的対象として扱うことに金銭を払うことは、人間として扱うことと抵触しないのだろうか。

このように「人間として扱われない」事態を想定すれば、「人間として」という表現にも意味が生じる。まさにレジスタンスとは、受けた衝撃に人間としてそれをどう認識し、どう対処し、強いられた変化に抗して（抵抗して）昨日と同じ日常を生きるか、他の人と同じ人間として生きるかということを表しているのではないか。

レジスタンスゆえに生じる数々の症状を、疾病化せずに認識する。奇妙に思える行動……たとえば、ＤＶ被害者の女性たちの論理性、明るさなども、彼女たちが夫からの暴言や暴力に抵抗して生きるために身に付けたレジスタンスの数々なのだ。また、性虐待を受けた女性たちが見せる奇妙な言動も、ボケや「天然」ではなく、自分の経験した衝撃に屈せず、再被害に遭うことを防ぐ抵抗ゆえに生じるのだ。

このように、「抵抗」という言葉とともに被害をとらえれば、様々な言動が異なる相貌を表すだろう。常識的な判断を覆すようなとらえ方を迫られるのは、専門家として幸いなことだ。

その人の隠された被害を知ることで、抵抗の軌跡を知ることができ、目の前の、そして問題行動と言われたものも了解可能となる。

レジスタンスのような政治的な言語を用いることなく、家族を理解することは困難ではないか。支配・被支配もそうだ。そして抵抗（レジスタンス）であり、境界（バウンダリー）や同盟といった言葉の数々である。

レジスタンスの対極は抑圧委譲

戦後七五年を過ぎ、旧日本軍について様々な研究や報道がなされるようになっている。膨大な戦死者数を、アメリカをはじめとする連合軍との戦いで喪ったのだと誤解していたことも明らかになった。南方の戦死者の多くが、敵と戦うよりも飢えと暑さの中で死んでいったのである。先述のＮＨＫＢＳ１スペシャル『隠された日本兵のトラウマ～陸軍病院８００２人の〝病床日誌〟～』においても、戦争トラウマで精神を病んだ兵士たちの多くが、上官からの苛烈な私刑、いじめ、暴行によって壊れていったことが証言されている。戦死という言葉が用いられていたが、実は日本軍内部の支配構造が生み出した死者ともいえるのではないか。

政治学者の丸山眞男（一九一四－一九九六）は「抑圧委譲」という言葉を用いた。私はこれほど端的に日本の家族を言い当てた言葉はないと思ったが、丸山の言うように社会の隅々にまで貫徹したこの構造は、ヘイトスピーチを氾濫(はんらん)させるネトウヨの言説にも、さらには学校のいじめにも連なるものである。

レジスタンスは、強者の権力に対する弱者の反撃・反抗・抵抗を意味したが、抑圧委譲はそうではない。強者による権力行使に対して、それをそのまま自分より弱者に向かって同じように権力行使するのだ。まさにレジスタンスの対極ではないだろうか。

夫の暴力を受けた妻が、自分の娘や息子へ「あなたのために」という大義名分を最大限利用して人生を支配していくことも、抑圧委譲の応用であろう。会社でも、学校でも、丸山眞男が「日本的なるもの」として描いた抑圧委譲は、二一世紀になった今でも、表向きは非暴力化がすすむにつれて、さらに巧妙に、さらに狡猾(こうかつ)になって行使され続けている。

第五章　心に砦を築きなおす

肯定性の時代の到来と、「肯定」を肯定することの席捲

様々な学術用語があり、テクニカルタームと呼ばれ、それを使用することがその領域で研究をしている証になる。また、使用する者がどの領域に所属するかを表したりもする。その結果、人文科学と括られる学問領域において棲み分けが進み、他の領域の言葉を使用しないようにすることが常識となっている。それを攪乱することは、一種の縄張りを侵すような意味合いを持つ。しかし、社会の変動に伴って新たな研究領域が成立するとき、従来の専門用語も変化するのは当然であり、他領域のものとされていた言葉が交差し共有さ

れるようになったりするのだ。

臨床心理学という比較的新しい学問領域では、戦後日本で広く受け入れられた精神分析の用語が深く浸透している。フロイトの学説による無意識や、ラカン派による「大文字の他者」、ユングの集合的無意識などは社会科学でも広く使用されている。特に、フロイトの学説は力動的と呼ばれるように、従来は闘いについて用いられた「防衛」を心的機制に応用し、政治的概念でもある「抑圧」を意識・無意識のダイナミズムを表す言葉として使用した。

また、一九八〇年代に日本でも広がり、多くの臨床家や一般の人々にも受け入れられた家族療法は、もっと明確に政治的概念を治療に用い、家族を理解するのに使用した。たとえば、「世代間境界」をまるで国境のように設定したり、そこを越えてしまうことを「侵犯」と呼んだりしたのだ。親の一人と子どもの一人が、夫婦関係よりも親密な関係を形成することを「同盟」とも呼んだ。

フロイトが内的世界を力動的概念で把握しようとしたように、家族療法（中でもシステム論的家族療法）は、現実の家族における関係を政治的言語で把握しようとしたのである。これは単なる援用というよりも、家族関係そのものが政治的であることを表している。

カウンセリングに従事しながら、従来の心理学的用語や精神分析的用語では、クライエント（来談者）の抱える問題を解決するのに不十分であると長年考えてきた。意外に思われるかもしれないが、私たちのカウンセリングセンターがターゲットとする主訴・問題は、単なる「こころの悩み」ではないからだ。

「自己肯定感」のような、いまや世の中に流通しきった感のある言葉は、私がもっとも嫌悪し、もっとも忌避するものである。まさに、すべてを回収してその箱の中に投入すれば世の中がスッキリするという言葉ではないだろうか。

自己肯定感は、もともと臨床心理学者高垣忠一郎（たかがきちゅういちろう）によって、子どもの成長に対する肯定的評価を重要視する言葉として一九八五年に提唱されたものである。それが、いつのまにか「自分で自分を愛せないなんて」「自分を好きになろうよ」「自分で自分を愛せなければ人を愛することはできません」といった文脈で、自己肯定感を「もつ」とか「高める」といったコントロール可能な尺度へと変わっていったのである。

評論家の加藤典洋（かとうのりひろ）によれば、村上春樹が登場したもっとも根底的な意味は「否定性の時代」から「肯定性の時代」への変化を先取りしたことにあるという（『村上春樹は、むずかしい』岩波新書、二〇一五年）。戦後知識人および作家たちは、自己否定をかいくぐることで成長するという否定性を価値あるものとした。私もその世代としてよくわかるが、暗いこと、否定することこそ、弁証法的にとらえれば肯定性に至るもっとも確実な道だった。明るいことは単にバカであることの証明であり、肯定することは表層的で思索しないことの表れだったからだ。

村上春樹的世界に違和感を覚えるのは、やはり私が否定性に価値を持つ時代に育ったこと、その中で自己形成したことを表しているのかもしれない。

今でもよく覚えているのが「ネクラ」「ネアカ」という言葉がバブル期（一九八〇年代末）に登場したことである。多くの若者がネクラであることをマイナスとして、一種のスティグマとしてとらえるようになったのである。自己肯定感という言葉の広がりを考えると、肯定性の時代の到来とそれは重なっている気がする。

しかし、「自己肯定感」をカウンセリングでもちいることを私はしない。それは否定性への回帰を望んでいるからではなく、新自由主義的自己そのものを表していると思うからだ。あらゆる失敗、あらゆる挫折（ざせつ）、友人関係の衝突の理由・背景を考える際の回路が、まるでブーメランのように最後は自分に跳ね返るように仕組まれているのが新自由主義の根幹だとすれば、その象徴としての言葉が、自己肯定感なのだ。

すべての道はローマへ、というたとえのとおり、すべての失敗や苦痛はつまるところ「自分のせい」である。自己肯定できないこの私のせいだ、という「自己責任論」の根底をなす、どん詰まり的な気分がそこにはある。

わけのわからないスローガン

では、どのような言葉を用いればいいのか。

言葉の使用の根底にあるのは、どのような世界観（というのはオーバーかもしれないが）を抱いているかだ。カウンセリングでいうならば、どのような家族観をもっているかにつながってくる。

現在の臨床心理学に決定的に不足しているのがこの点ではないか。つまり、普遍的人間性というものが存在し、そこから演繹(えんえき)された人間観、心・「こころ」というものを土台にしている点だ。一九八〇年代にポストモダンの思想が日本でも受け入れられ、普遍的人間観などというものが疑問にさらされてきたにもかかわらず、相変わらず臨床心理学が前提とするのは二〇世紀初頭のフロイトであり、ロジャース流の戦後民主主義的主体であったりする。

七〇年代初頭の精神科病院に始まる私の臨床経験は、マージナルな存在であったアルコール依存症とのかかわりをメインとしていた。マージナルである理由は様々な著作で述べてきたが、心の中の世界よりも現実の行為や出来事を扱わなければならなかったこと、専門家の非力・無力をつきつけられたこと、当時は暴力と呼ばなかったが、妻や子どもが怪我をするような酒乱を数多く対象としてきたこと、などが挙げられる。アディクション（依存症）は行為の問題なのであり、心の中の問題ではないのだ。

いまだに臨床心理学の多くは、暴力そのものを対象とすることを避けている。暴力の結果生じる心理的問題（それも子どもの）を、やっと扱い始めたばかりである。今起きている暴力、そこから派生した加害・被害関係には、慎重に距離を保ったままだ。結果をケアすることだけが臨床心理学の役割なのかという疑問も抱くが、おそらくそこには「加害・被害」は犯罪の問題であり、法務省管轄の司法領域であるという、棲み分け意識が働いているのだろう。こころの問題に還元できなければ、臨床心理学の対象にはならないのだ。

しかし、加害・被害の問題は果たして司法の問題だけなのだろうか。従軍慰安婦の問題を例にとれば、加害者とは誰か、被害者とは誰かという疑問が生じるのであり、それをめぐって日韓の長年の政治的せめぎ合いが起きていることは周知のとおりだ。つまり、加害・被害を措定することそのものが政治的力関係によって決まってくるのだから、暴力の問題はそのまま政治学の問題でもある。

近年、虐待やDV、さらにハラスメントの問題を簡単に加害・被害に分けて論じる傾向があるが、果たしてそれはいかがなものか。毎年一一月に行われるDV防止キャンペーンのキャッチフレーズの中には、「加害者にも被害者にもならないために」といったものまである。

暴力をふるわないことを掲げる意味はあるが、ふるわれないことを訴える必要があるのだろうか。加害がなければ被害はないのだから、まるで被害者になることがいけないようなキャンペーンには抵抗を覚えてしまう。暴力（中でも家族の）は、そのように定義される前はしつけや愛情、もしくは当たり前の名づける必要のない行為として扱われてきた。呼吸をするように妻を殴る夫はいたが、手を上げるのは妻が生意気だと考えられていたのだ。

それが暴力と定義されるようになったのは、私からすれば一種の革命だと思う。家族における権力をめぐる非対称性を認めなければ、それを暴力とは呼ばないはずだ。親から子への権力、夫から妻への権力が認められ、暴力はあってはならないものであり、被害者に

「正義」があることが、日本の家族史上初めて国家によって承認されたのである。

被害を認知することは服従ではなく抵抗だ

さて、その後のＤＶをめぐる様々な政策展開は遅々としているが、正義を正面に出すことによって一種の図式化が生じる。被害者を無垢で弱く、イノセントな存在として強調すれば、被害の悲惨さと残虐さが浮上し、加害者が悪であるという図式が成立する。

家父長的権力という構造そのものに根差す暴力として、フェミニズムによって問題化されたのがＤＶであること。これを忘れると、ＤＶはあたかも正義の問題であるかのようにすり替えられる危険性がある。それに被害者は無垢でもないし、非力でもない。ＤＶ被害者は自己主張的であり、傍観者を決め込み、あきらめに身を任せる女性に比べれば、はるかに意志の明確な女性たちである。

つまり、ＤＶと名づけること、被害者であると自己認知することは、夫の暴力への服従を意味するのではなく、そのような状況に対する抵抗（レジスタンス）なのである。現実に、夫から殴られている女性たちは五人に一人、三人に一人といった高率で存在する。しかし、それをＤＶと名づけて、被害を受けたと認める女性はほんの一握りである。伊藤詩(いとうし)

織さんが『Black Box（ブラックボックス）』（文藝春秋、二〇一七年）で述べた被害の告白は、それ自身が性暴力へのレジスタンスではないか。

レジスタンスと被害者権力

本章のタイトルにある「心の砦」とは、レジスタンス・抵抗のための足場を意味する。自らの経験をＤＶや虐待の被害と認知することも、抵抗だった。そこからすべてが始まるといっていい。被害と認知し、私は被害者であると自己を定義する。どこか敗北感と屈辱感、無力感さえ伴う自己定義の大変さを思うと、レジスタンスという表現が何よりぴったりくる。

常識や多数派に支持される家族・夫婦観と、ＤＶが前提とする権力構造としての家父長的夫婦観とは大きく異なる。前者はマジョリティであり、「ふつうの親子は」「ふつうの夫婦は」と語られ、メディアをとおして日常生活を席巻している。それに比べれば、後者はどうしたってマイノリティでしかない。それゆえ、話した相手にわかってもらい、共感してもらうことはむずかしい。数からみても、マイノリティにそもそも勝ち目などない。だからこそ、マジョリティに呑み込まれ、席巻されないためにも、砦が必要となる。敵の攻撃から身を守り抵抗するために、戦国大名が難攻不落な山城を築いたように。

ＤＶや虐待の被害者たちにとって、「正義」の持つ意味は何だろう。家族をめぐる絆（きずな）や愛情といったマジョリティの言説に抵抗するために、その言葉は存在する。無謀とも見える抵抗・レジスタンスの足場である砦を深部で支えるために、「正義」は必要なのだ。

自分を被害者なんて言っていいのか、これをＤＶと呼んでいいのか、というためらいと迷いは、「わたしたち、間違ってないよね」という自問自答を呼び起こさずにはいられない。その問いかけに対して、「大丈夫だよ」「間違ってないよ」と安心を与える根拠として正義がある。被害者と自己定義したレジスタンスによって生まれるつながりがある。ＤＶ被害者同士が「自分だけじゃない」「同じ経験してるひとがこんなにいる」と確認しあえるために、正義という言葉があるのだ。

しかしこれが時に暴走することがある。これまでも私は、被害者権力に警鐘を鳴らし続けてきた。先に述べたように、ＤＶが正義の問題であり、許せない不正義を糺（ただ）すのが被害者支援だ、という図式化がしばしば生まれる。

ＤＶ加害者は悪、被害者は善といった正邪論によってＤＶがすり替えられることを、何より避けなければならない。歴史が証明しているように、共産主義や社会主義が正しかったわけではない。革命後の政権が「正しさ」「正義」を後ろ盾にすると、どれほど権力化していくかもよく知られている。

ＤＶにおいても同じである。被害者は正しい、被害者の言うことは正しいと考えるのではなく、あくまでレジスタンスを駆動するための根拠という限定がそこには必要となる。抵抗の対象である加害者と別れる、もしくは加害者が自らの暴力を認め、謝罪や償いを行って変化した場合も、抵抗する必要がなくなる。ＤＶを長いプロセスでとらえると、権力関係が解消されれば、抵抗も必要なくなるのだ。独裁政権が崩壊したり、亡命したりすることによってレジスタンスの必要がなくなるように。

とすれば、ＤＶ被害からの回復とは、被害者という自己定義を脱することを意味するのだ。始まりがあり、そこから脱するという長いプロセスの一時期、レジスタンスのために必要なのが正義なのである。正義によりかかることで味わう「正しさ」という力に、時として被害者は眩惑(げんわく)されることがある。この危険性を十分自覚するためにも、砦という比喩(ひゆ)は役に立つ。城跡を訪れるテレビ番組を見ると、そこに残っているのは礎石だけである。点在する石が示すように、砦はいつか必要なくなるのだ。

あとがき――知識はつながりを生むのだ

カウンセリングで一番大切なことは共感だと教えられるようだ。幸い、そのようなトレーニングを受けて来なかった私は、長いカウンセラー生活において、いつも感じるより考えることを優先してきた。不可解な現実や説明不能な事態を前にして、いつも「これはどうして起きたのだろう」「どのように表現すればいいのだろう」と考えることが中心だったと言っていい。

それまでの説明言語や概念ではどうにもならない現実は、私にパラダイムシフト（パラシフ）を要請する。この「パラシフ」こそが、私にとっては最大の喜びと、時には快感を与えてくれる。一定の言葉や考え方の限界に直面したからこそ、それは起きるのだが、家族にまつわる言葉や考え方ほど、八〇年代から限界を指摘されながらもしぶとく生き残っているものはないだろう。親孝行の価値など、再評価されているほどだ。それはあたかも

「普遍的」であるかのように教えられているが、果たしてそうだろうか。江戸の研究が進むにつれて、今の家族観がどれほど明治時代に形成されたかが明らかになっている。それもひとつのパラシフだ。

ときどき私のことを、カウンセラーなのに理屈っぽいなどと評する人もいる。だが、家族で今起きている、微細で具体的かつ個別的なできごとが歴史的で構造的な背景を持っていることに気づき、知ることなくして、私たちは他者とつながれないのではないかと思う。誰にも言えないような経験が、「被害」と定義されなければ、類似の経験を持つ他者が存在することとすら気づけないだろう。知識はつながりを生むのだ。本書によって、そんなつながりが生まれることを期待している。

本書のタイトルは、DVや虐待にかかわってきた私に最大のパラシフをもたらしたフレーズである。DVがジェンダーの視点を抜きにして、親の虐待被害による連鎖のように扱われたり、息子や娘から親への暴力が病理現象として扱われたりすることへ、深い抵抗があった。個人化や病理化に意味がないとは言わないが、DVや虐待について、自分なりにブレークスルーできたのは、国家の暴力と家族の暴力が構造的に相似形だと知ったからだ。

加害・被害という、二極化された言葉の先を見通さなければならない。サバイバルという言葉はすでに多くに人に共有されているが、レジスタンスという言葉も、それと並んで未来を見つめるために必要になるだろう。

女性学の成果を吸収し、社会学の言説を駆使することで、初めて家族の暴力の構造が見える気がしたのである。こんなの自分だけでしょ、という極私的な経験が、国家の暴力（戦争や政治）と根底でつながっているとしたら……。そんな私のワクワク感が執筆を駆動した本体である。

パンデミックに襲われたこの一年だったが、地球が狭く思えたのは私だけではないだろう。文化や経済的背景、言語の違いを超えて、ひとしくコロナウイルスの感染拡大を世界中が恐れているという共通性によって、この日本と他の国々がつながっている気がした。それと同時に、ワクチン開発の格差や、感染拡大する国と抑え込む国との違いや競争が生まれ、国境をめぐる偏狭さも生まれた。いったい、私たちは何に直面しているのか、ここから何を学ぶのかに関しては、いまだに未知数のままだ。

普遍知や全体知など存在しないと言われるようになって久しいが、それでも私はそれを求め続けることをやめられない。有限な生を送るしかなく、それが残りわずかだとしても、知らないままに支配されて安穏と生きることだけはしたくない。これを、コロナ禍の現在に置き換えれば、多くのひとに共感していただけるのではないか。情報が操作され、遮断されることで無知な状態に置かれ、結果的にただの風邪と捉えて安穏と生きることなど、誰も望まないだろう。きわめて個人的と見えるできごとの背後に、国家や政治の意図を読み解く必要があるということ。今ほど、それが実感を伴う時はないとさえ思う。

こんな時期に本書を刊行する機会に恵まれたことは、ラッキーだったかもしれない。

本書は、ここ一〇年ほどのあいだに書き溜めたものをベースとして新たに書き下ろしたものである。角川新書編集長の岸山征寛さんには、長いあいだ定期的に執筆のモチベーションを刺激し続けていただいた。その熱意がなければ書き続けられなかっただろう。また、これまでカウンセリングで出会ってきた多くのひとたちの言葉が、私のパラダイムシフトを促してくれたと思う。ここに心よりの感謝の意を伝えたい。

ありがとうございました。

二〇二〇年一二月　底冷えのする師走の夜に

信田　さよ子

主要参考文献一覧

【書籍】

網野善彦、宮田登『歴史の中で語られてこなかったこと　おんな・子供・老人からの「日本史」』朝日文庫、二〇二〇年
アラン・ジェンキンス著、信田さよ子、高野嘉之訳『加害者臨床の可能性　DV・虐待・性暴力被害者に責任をとるために』日本評論社、二〇一四年
伊藤詩織『Black Box（ブラックボックス）』文藝春秋社、二〇一七年
伊藤公男『男性学入門』作品社、一九九六年
上野千鶴子『生き延びるための思想』岩波書店、二〇〇六年
上野千鶴子、信田さよ子『結婚帝国・女の岐れ道』講談社、二〇〇四年
エレン・ペンス、マイケル・ペイマー編著、波田あい子監訳、堀田碧、寺澤恵美子訳『暴力男性の教育プログラム　ドゥルース・モデル』誠信書房、二〇〇四年
岡野憲一郎「災害とPTSD：津波ごっこは癒しになるか？」『現代思想九月臨時増刊号

imago』青土社、二〇一一年
小川真理子『ドメスティック・バイオレンスと民間シェルター　被害当事者支援の構築と展開』世織書房、二〇一五年
小此木啓吾、北山修編『阿闍世コンプレックス』創元社、二〇〇一年
梯久美子『狂うひと「死の棘」の妻・島尾ミホ』新潮社、二〇一六年
家族機能研究所編『アディクションと家族』第一一巻三号、日本嗜癖行動学会誌
加藤典洋『村上春樹は、むずかしい』岩波新書、二〇一五年
岸田秀『ものぐさ精神分析』青土社、一九七七年
草柳和之『ドメスティック・バイオレンス　男性加害者の暴力克服の試み』岩波ブックレット、一九九九年
熊谷晋一郎、國分功一郎「来るべき当事者研究」『みんなの当事者研究（臨床心理学増刊第9号）』金剛出版、二〇一七年
熊谷晋一郎、國分功一郎『〈責任〉の生成　中動態と当事者研究』新曜社、二〇二〇年
五味川純平『人間の條件』上中下、岩波現代文庫、二〇〇五年
斎藤学『嗜癖行動と家族　過食症・アルコール依存症からの回復』有斐閣、一九八四年
サルバトール・ミニューチン、ウェイユン・リー、ジョージ・M・サイモン著、亀口憲治訳『ミニューチンの家族療法セミナー　心理療法家の成長とそのスーパーヴィジョン』金剛出

版、二〇〇〇年
ジュディス・L・ハーマン著、中井久夫訳『心的外傷と回復　増補版』みすず書房、一九九九年
ジュディス・バトラー著、竹村和子訳『ジェンダー・トラブル　フェミニズムとアイデンティティの攪乱』青土社、一九九九年
中村江里『戦争とトラウマ』吉川弘文館、二〇一八年
中村正『「男らしさ」からの自由』かもがわ出版、一九九六年
中山康雄『共同性の現代哲学　心から社会へ』勁草書房、二〇〇四年
西見奈子編著、北村婦美、鈴木菜実子、松本卓也著『精神分析にとって女とは何か』福村出版、二〇二〇年
野口祐二『ナラティブの臨床社会学』勁草書房、二〇〇五年
フィリップ・アリエス著、杉山光信訳『〈子供〉の誕生　アンシァン・レジーム期の子供と家族生活』みすず書房、一九八〇年
堀智久『障害学のアイデンティティ　日本における障害者運動の歴史から』生活書院、二〇一四年
丸山眞男「超国家主義の論理と心理」『〔新装版〕現代政治の思想と行動』未來社、二〇〇六年

丸山豊『月白の道』創言社、一九七〇年
宮地尚子『環状島＝トラウマの地政学』みすず書房、二〇〇七年
山下悦子『マザコン文学論　呪縛としての〈母〉』新曜社、一九九一年
與那覇潤『帝国の残映　兵士小津安二郎の昭和史』NTT出版、二〇一一年
渡辺恒夫『脱男性の時代 アンドロジナスをめざす文明学』勁草書房一九八六年

【映画・ドキュメンタリー】
カリン・ペーター・ネッツァー『私の、息子』二〇一四年
グザビエ・ドラン『マイ・マザー』二〇〇九年
グザビエ・ドラン『Mommy　マミー』二〇一四年
イングマール・ベルイマン『サラバンド』二〇〇三年
ミヒャエル・ハネケ『ピアニスト』二〇〇一年
ジャン・ピエール&リュック・ダルデンヌ『ある子供』二〇〇五年
ジャン・ピエール&リュック・ダルデンヌ『息子のまなざし』二〇〇二年
NHKBS1スペシャル『隠された日本兵のトラウマ～陸軍病院8002人の〝病床日誌〟～』二〇一八年

本書は書き下ろしです。
本文中に登場する方々の肩書および年齢は、
いずれも執筆時のものです。

信田さよ子（のぶた・さよこ）
1946年岐阜県生まれ。公認心理師・臨床心理士。原宿カウンセリングセンター所長。お茶の水女子大学文教育学部哲学科卒業、同大学大学院修士課程家政学研究科児童学専攻修了。駒木野病院勤務を経て、1995年に原宿カウンセリングセンター設立。日本公認心理師協会理事、日本臨床心理士会理事などをつとめる。アルコール依存症、摂食障害、DV、子どもの虐待をはじめ、親子・夫婦関係、アディクション（嗜癖）に悩む人たちやその家族、暴力やハラスメントの加害者、被害者へのカウンセリングを行っている。「墓守娘」という言葉を生んだベストセラー『母が重くてたまらない――墓守娘の嘆き』（春秋社）ほか、『改訂新版　カウンセリングで何ができるか』（大月書店）、『後悔しない子育て 世代間連鎖を防ぐために必要なこと』（講談社）、『明日、学校へ行きたくない 言葉にならない思いを抱える君へ』（茂木健一郎氏、山崎聡一郎氏との共著、KADOKAWA）など著書多数。

家族（かぞく）と国家（こっか）は共謀（きょうぼう）する
サバイバルからレジスタンスへ

信田（のぶた）さよ子（こ）

2021年 3 月 10 日　初版発行
2024年 10 月 25 日　11版発行

◆◇◇

発行者　山下直久
発　行　株式会社KADOKAWA
〒102-8177　東京都千代田区富士見 2-13-3
電話　0570-002-301（ナビダイヤル）

装 丁 者　緒方修一（ラーフイン・ワークショップ）
ロゴデザイン　good design company
オビデザイン　Zapp!　白金正之
印 刷 所　株式会社KADOKAWA
製 本 所　株式会社KADOKAWA

角川新書

ISBN978-4-04-082103-0 C0211

KADOKAWAの新書 好評既刊

破壊戦
新冷戦時代の秘密工作

古川英治

暗殺、デマ拡散、ハッカー攻撃――次々と世界を揺るがす事件の背後を探るため、著者は国境を越えて駆け回る。偽サイトのトロール工場を訪ね、情報機関の高官にも接触。想像を超えて進化する秘密工作、その現状を活写する衝撃作。

「婚活」受難時代

結婚を考える会

コロナ禍が結婚事情にも影響を与えている。急ぐ20代、取り残される30代後半、40代。会えない時代の婚活のカギは？多くの事例をもとに、30代、40代の結婚しない息子や娘を持つ親世代へのアドバイスが満載。

サラリーマン生態100年史
ニッポンの社長、社員、職場

パオロ・マッツァリーノ

「いまどきの新入社員は……」むかしの人はどう言われていたのか？ビジネスマナーはいつ作られた？会社文化を探ると、日本人の生態・企業観が見えてくる。大衆文化を調べ上げてきた著者が描く、誰も掘り下げなかったサラリーマン生態史！

性感染症
プライベートゾーンの怖い医学

尾上泰彦

ここ30年余りで簡単には治療できない性感染症が増えている。その恐ろしい現実を知り、予防法を学び、プライベートゾーン（水着で隠れる部分）を大切にすることは、感染症から身を守る術を学ぶことでもある。

ヒトの言葉 機械の言葉
「人工知能と話す」以前の言語学

川添愛

AIが発達しつつある今、「言葉とは何か」を問い直す。AIと普通に話せる日はくるのか。人工知能と向き合う前に心がけるべきことは何か。そもそも私たちは「言葉の意味とは何か」を理解しているのか――言葉の「未解決の謎」に迫る。